U0647477

　　本丛书得到国家社科基金重大项目《把握经济发展趋势性特征，加快形成引领经济发展新常态的体制机制和发展方式研究》（批准号 15ZDC009）和深圳市人民政府委托重大项目《加快发展新经济的体制机制问题：中国发展新经济的问题与对策研究》的资助

国家出版基金项目
NATIONAL PUBLICATION FOUNDATION

中国改革新征途：
体制改革与机制创新丛书

A New Journey in China's Reform:
A Collection of System Reform and Mechanism Innovation

互联网经济时代的政府治理创新研究

Research on the Innovation of Governance in the Internet Economy Age

王 茹◎著

人民出版社

策划编辑:郑海燕
封面设计:林芝玉
责任校对:吕　飞

图书在版编目(CIP)数据

互联网经济时代的政府治理创新研究/王　茹　著. —北京:人民出版社,2017.11
　(2018.4 重印)
(中国改革新征途:体制改革与机制创新丛书)
ISBN 978－7－01－017995－7

Ⅰ.①互…　Ⅱ.①王…　Ⅲ.①国家行政机关-行政管理-研究-中国
　Ⅳ.①D630.1

中国版本图书馆 CIP 数据核字(2017)第 186286 号

互联网经济时代的政府治理创新研究

HULIANWANG JINGJI SHIDAI DE ZHENGFU ZHILI CHUANGXIN YANJIU

王　茹　著

人民出版社 出版发行
(100706　北京市东城区隆福寺街 99 号)

北京龙之冉印务有限公司印刷　新华书店经销

2017 年 11 月第 1 版　2018 年 4 月北京第 2 次印刷
开本:710 毫米×1000 毫米 1/16　印张:12.5
字数:150 千字

ISBN 978－7－01－017995－7　定价:40.00 元

邮购地址 100706　北京市东城区隆福寺街 99 号
人民东方图书销售中心　电话 (010)65250042　65289539

版权所有·侵权必究
凡购买本社图书,如有印制质量问题,我社负责调换。
服务电话:(010)65250042

总　序

　　一部中国改革史，其实也是一部制度和体制机制变迁的历史。在中国经济进入新常态的大环境下，制度改革、制度创新和体制机制变迁的作用更加凸显。党的十八大以来，以习近平同志为核心的党中央强调，"摆在我们面前的一项重大历史任务，就是推动中国特色社会主义制度更加成熟更加定型，为党和国家事业发展、为人民幸福安康、为社会和谐稳定、为国家长治久安提供一整套更完备、更稳定、更管用的制度体系"。①"到二〇二〇年，在重要领域和关键环节改革上取得决定性成果，完成本决定提出的改革任务，形成构建系统完备、科学规范、运行有效的制度体系，使各方面制度更加成熟更加定型"②，推进国家治理体系和治理能力现代化。党的文献中首次出现并重点强调"制度体系""制度定型"的概念，让世界看到新一轮改革的制度取向。

　　今天中国的改革，已经进入以强化制度建设为核心的全面深化改革阶段。"制度改革"始终聚焦重要领域和关键环节，"制度创新"始终注重顶层设计和配套衔接，综合部署"弹钢琴"，使一系列制度体系愈加成熟定型。改革不是单个领域体制的调整和修补，而是各方面体制

　　① 《习近平谈治国理政》，外文出版社 2014 年版，第 104—105 页。
　　② 《十八大以来重要文献选编》（上），中央文献出版社 2014 年版，第 514 页。

与制度的创新;不是某个领域体制改革的单向推进,而是各领域、各层次的系统推进;不是止步于改革体制机制,而是要着眼于制度聚合与集成,形成总体性的制度成果和制度文明。以制度建设巩固改革开放的成果,以制度创新激发社会活力,增进全体人民福祉,这是全面深化改革不遗余力推进制度创新的深层逻辑。

我国仍然处在社会主义初级阶段,在跨越"中等收入陷阱"的进程中,完善社会主义市场经济体制具有特殊的紧迫性。经济发展进入新常态以来,党中央、国务院提出了供给侧结构性改革的战略部署,核心要义是优化制度供给,形成引领经济发展新常态的好的体制机制。可以说,本套丛书的研究也契合了制度供给侧改革的理论和实践,并得到了国家社会科学基金重大项目《把握经济发展趋势性特征,加快形成引领经济发展新常态的体制机制和发展方式研究》(编号 15ZDC009)的资助。

党的十八大以来,党和国家的事业发生历史性转变,我国发展站到了新的历史起点上,中国特色社会主义进入了新的发展阶段。党的十九大开启中国发展的新篇章,社会主义现代化强国建设的新征程拉开大幕,客观上要求中国特色社会主义制度体系更加成熟定型。本套丛书意在为推进我国重要领域和关键环节的制度建设,提高国家治理能力现代化提供有益借鉴。

张占斌

2017 年 8 月

于国家行政学院

目　录

前　言

　　人类进入信息社会,互联网已经成为继领土、领海、领空之后的"第四领土"。2016年10月9日,习近平总书记在主持中共中央政治局就实施网络强国战略进行第三十六次集体学习时强调指出:"我们要深刻认识互联网在国家管理和社会治理中的作用,推行电子政务,要强化互联网思维,利用互联网扁平化、交互式、快捷性优势,推进政府决策科学化、社会治理精准化、公共服务高效化,用信息化手段更好感知社会态势、畅通沟通渠道、辅助决策施政。"这表明中国最高决策层已经深刻认识到互联网对国家治理体系和治理能力现代化的重要意义,并朝着建设网络强国目标不懈努力。

　　从经济角度看,在人口红利减小、要素成本提高、资源环境约束趋严的经济新常态下,互联网经济发展却欣欣向荣,成为中国经济新的增长引擎和内生动力。但正如雅克·埃吕尔(Jacques Ellul)所说:"一切技术进步都是有其代价的,每项技术都含着无法预料的后果。"互联网的发展在改变经济增长动力、重燃产业活力、助力创业创新、促进金融普惠、推动成果共享的同时,也带来新的经济和社会风险,为政府治理带来前所未有的挑战。互联网经济本身是一种技术创新、应用创新和思维创新,而这种创新还需要更高层次的制度创新来保障,政府治理创新是制度创新最重要的组成部分。

本书试图从互联网经济的角度切入，探讨政府治理如何利用新的机遇、应对新的挑战，借鉴发达国家在互联网经济发展过程中优化治理的先进经验，提出互联网经济时代政府治理创新的原则和建议，并对互联网金融风险治理进行了案例研究。政府对互联网经济发展应坚持适当干预(核心是适当放松规制)、加快理念创新、加强底线管理、重视长尾作用。加快完善互联网经济法律环境，包括加强消费者保护和隐私信息保护、平衡知识产权保护和保护创新的关系、合理进行反垄断和反价格歧视规制、简化不正当竞争行为的判断标准、完善市场退出相关法律。加快构建互联网经济多元化治理框架，包括优化政府治理模式、发挥行业组织自律作用、加强市场主体自我规制、积极参与互联网全球治理。加强互联网经济治理能力，包括优化治理技术环境，提高政府信息能力，加快信用体系建设。创新互联网经济政策体系，包括财税政策、金融政策、产业政策、创新政策、区域政策和人才政策。

本书是国家社科基金重大项目"把握经济发展趋势性特征，加快形成引领经济发展新常态的体制机制和发展方式研究"(批准号15ZDC009)的阶段性研究成果。感谢项目主持人、国家行政学院经济学教研部张占斌主任在本书写作过程中的全面指导和无私帮助。感谢人民出版社经济与管理编辑部郑海燕主任在本书修改、编辑过程中付出的心血。感谢本人在美国做访问学者期间雪城大学马克斯威尔学院的合作导师凯瑟琳·杰拉德(Catherine Gerard)对本书写作的启发和帮助。感谢家人、朋友和同事一直以来的支持、理解与陪伴。

王茹
2017年6月于美国雪城

第一章　互联网发展对经济的影响

"互联网经济"又被称作"网络经济",狭义上是指基于互联网的经济活动,如网络企业、电子商务、网络消费等;广义上是指以信息网络(主要是互联网,也包括内联网、外联网等)为平台,以信息技术和信息资源的应用为特征,信息和知识起重要作用的经济活动(乌家培,2001)。

目前中国经济已经进入新常态的发展阶段,经济发展速度由年均超过10%的高速降到6%至7%的中高速,同时面临着要素成本的快速提升和资源环境的趋紧约束,原有经济发展模式已经不可持续,原来的投资热点和主导产业都面临着趋势性的下降。近几年,互联网经济逆势崛起,伴随着信息技术的快速发展渗透到国民经济的各个领域,为中国经济带来全新的增长引擎和内生动力。

虽然中国网络经济发展起步较晚,1989年才开始建设互联网,1994年才开通连入因特网(Internet)的64K国际专线,但与发达国家相比,呈现出后来居上的态势。这种高速发展与我国从20世纪90年代开始致力于加速国家信息化基础结构建设密不可分,在数据库、信息传输、信息应用系统、信息技术产业、信息人力资源、信息软环境等方面的条件均得到了较大改善①,网络基础设施逐步完备。

中国互联网络信息中心(CNNIC)第 39 次《中国互联网络发展状况统计报告》显示,截至 2016 年 12 月,中国网民规模达 7.31 亿,相当于欧洲人口总量。其中,手机网民规模达 6.95 亿,增长率连续三年超过 10%。中国互联网普及率达到 53.2%,超过全球平均水平 3.1 个百分点,超过亚洲平均水平 7.6 个百分点(见表 1-1)。在国家政策的强力干预下,网络基础设施取得长足进步,宽带下载速率和性价比实现大幅提高,宽带普及率和终端普及情况也显著进步。在产业和技术创新方面,中国网信类企业新增数量和市值规模均出现爆发式增长,驱动中国科技创新实现快速进步。在信息化应用效益方面,商务应用跨界融

表 1-1   2006—2016 年中国网民规模和互联网普及率

指标 年份	网民数(万人)	互联网普及率(%)
2006	13700	10.5
2007	21000	16.0
2008	29800	22.6
2009	38400	28.9
2010	45730	34.3
2011	51310	38.3
2012	56400	42.1
2013	61758	45.8
2014	64875	47.9
2015	68826	50.3
2016	73125	53.2

资料来源:中国互联网络信息中心(CNNIC)第 39 次《中国互联网络发展状况统计报告》。

---

①   王世波、赵金楼:《网络经济对我国国民经济发展的影响研究》,《经济问题探索》2015 年第 5 期,第 28 页。

合趋势显著,移动电商和跨境电商实现迅猛增长,移动政务的用户规模及服务范围快速扩张,分享经济在多行业加速渗透。

从产值份额看,我国互联网经济在全球前十大经济体中名列第二,在全球生产供应体系中占有比较重要的地位。但从增加值份额看,我国与美国、日本、英国等主要发达国家还存在着较大差距。从产业融合来看,我国互联网与先进制造业的融合走在世界前列,而互联网与生产服务业、公共管理、卫生等部门的融合还需进一步加强。[①]

鉴于互联网经济的现实意义和未来潜力,2015 年《政府工作报告》明确提出要制订"互联网+"行动计划,7 月 1 日以国务院名义正式印发《关于积极推进"互联网+"行动的指导意见》。"互联网+"引发了新一轮理论热潮和投资热潮,也成为"十三五"期间孕育新的经济增长点、促进产业转型升级的重要抓手。

第一节　互联网改变经济增长动力

互联网与经济增长之间存在长期均衡关系,互联网对我国经济增长具有积极的作用。有学者研究指出,从长期看,互联网普及率每提高10%,人均实际 GDP 大约提高 1.38%。[②] 通过信息化技术的应用,从微观上有利于企业更新技术、重组流程、整合资源,提高生产效率,从宏观上有利于提高科学技术对国民经济增长的贡献率,促进国家自主创新

---

① 阚凤云、陈璋、胡国良:《互联网经济的规模和对各行业的影响——基于全球 10 大经济体比较研究》,《现代管理科学》2016 年第 11 期,第 6 页。

② 李立威、景峰:《互联网扩散与经济增长的关系研究——基于我国 31 个省份面板数据的实证检验》,《北京工商大学学报(社会科学版)》2013 年第 3 期,第 120 页。

能力的提高,促进经济增长从主要依靠资本投入变为主要依靠技术创新和要素生产率的提高。从经济增长的"三驾马车"——投资、消费、出口来看,互联网对投资、消费新动能的打造都有明显的推动作用,也有助于降低国际贸易成本、扩大国际贸易规模。

一、"互联网+"投资

互联网在提高投资回报率方面具有先天优势。一是形成基于网络效应的新规模经济。新古典经济学认为,规模经济主要来自供给方,随着产品供给量增加,边际生产成本会不断降低。而网络经济的新规模经济主要来自需求方,需求规模的扩大能增加网络的价值。[①] 二是提高企业生产效率。互联网经济是具有高动态性和先进技术水平的产业和产业关联,能迅速吸收先进科学技术,引入新的生产函数,创造出较高的劳动生产率和较高的附加价值。也有利于促进企业开发利用互联网技术进行信息交流与共享,从而大大提高企业搜寻、传递、处理和应用信息的能力[②]。三是降低交易成本。互联网大大地降低了搜索费用、渠道费用、广告费用、谈判费用、签约费用等商业交易成本,同时也通过信息公开、电子政务等方式显著降低制度交易成本。

从企业实践来看,据中国互联网络信息中心(CNNIC)第 39 次《中国互联网络发展状况统计报告》统计,2016 年企业层面的计算机使用、互联网使用以及宽带接入已全面普及,分别达 99.0%、95.6% 和 93.7%,相比 2015 年分别上升 3.8、6.6 和 7.4 个百分点(见表 1-2)。

---

① 袁正:《网络经济对新古典经济学的挑战》,《现代经济探讨》2009 年第 1 期,第 89 页。

② 杨秋宝:《新常态下充分发挥"互联网+"稳定经济增长的作用》,《理论视野》2015 年第 9 期,第 36 页。

此外,在信息沟通类互联网应用、财务与人力资源管理等内部支撑类应用方面,企业互联网活动的开展比例均保持上升态势。此外,企业在线销售、在线采购的开展比例实现超过 10 个百分点的增长,分别达 45.3% 和 45.6%。在传统媒体与新媒体加快融合发展的趋势下,互联网在企业营销体系中扮演的角色愈发重要,互联网营销推广比例达 38.7%。此外,六成企业建有信息化系统,相比 2015 年提高 13.4 个百分点。在供应链升级改造过程中,企业日益重视并充分发挥互联网的作用。

表 1-2　2011—2016 年企业互联网使用比例

年份	企业互联网使用比例（%）
2011	82.1
2012	78.5
2013	83.2
2014	78.7
2015	89.0
2016	95.6

资料来源:中国互联网络信息中心(CNNIC)第 39 次《中国互联网络发展状况统计报告》。

在投资领域拓展方面,首先互联网产业本身就有无数的投资机会。因为它本身就是一个新兴的产业,有很多的新兴业态,同时会孕育出无数新的商业模式。同时,互联网、大数据、云计算等新技术与传统产业的融合发展,也将形成一大批新的投资热点,同时给存量经济带来新的生机。

以城镇化为例,李克强总理多次强调要发挥城镇化拉动消费扩大、优化投资、改善民生的多重效应,互联网是一个非常重要的切入点。真正的智慧城市应该是自然系统、生产系统和生活系统互相交融的,互联网可以有效打通各大系统之间的天然性和制度性屏障,也有助于各大系统自身的优化。自然系统如何不受到城镇化建设的大范围破坏,甚至能以城镇化为契机让自然环境变得更好? 大数据、互联网技术的加入,可以极大提高城乡建设规划的科学性,可以实时监测各项环境指标和污染指标。对生产系统和生活系统同样如此,互联网让我们的生活更加便捷,让我们的生产效率更高,让我们的精神生活更加丰富,让应急预警体系更加灵敏。

二、"互联网+"消费

在消费领域,一方面,由于互联网经济具有较高的需求收入弹性,随着经济发展和国民收入提高,社会需求、市场需求、产品需求会出现较大幅度的增长,进一步促进国民经济整体增长。另一方面,长尾效应有助于扩大消费市场。互联网产品和服务与市场联系紧密,能够催生大量个性化、多样化需求,互联网经济的边际成本递减和长尾效应将极大降低满足个性化需求的边际成本,同时新技术、新模式也将创造更多新的消费产品和服务。2014 年,我国信息消费规模达到 2.8 万亿元,网络社区、内容消费、电子商务、网络游戏、智能家庭服务机器人、无人驾驶汽车等等,都将在今后一个时期挖掘出巨大消费潜力。

在消费者参与方面,消费者通过网络与生产者产生直接联系,向"产销者"方向转变,可以更多参与生产过程,根据自己的需求对产品的设计提出改进意见,需求个性化体现得更加明显。[1]

消费升级最主要的拉动群体是中产阶级。有人预计中国的中产阶级到 2020 年比例将达到 45%左右。互联网在发掘中产阶级群体的消

---

[1] 许春芳:《网络经济发展机理》,《工业技术经济》2007 年第 2 期,第 70 页。

费潜力方面具有巨大优势,在节约衣食住行等方面的同时实现了供给方和消费方的共赢。例如线上和线下的互通(O2O),比较典型的例子一是团购,二是打车软件。例如美团网,将有提高销量需求的企业和希望能有更高性价比的消费者用一个平台联系到了一起,实现了线上线下的交流,实现了供需双方的共赢,同时自身的业绩也得到了提升,拥有更多的客户和流量,自然可以带来更多的广告收入和增值业务的收入。再比如说打车软件,司机可以竞价叫车,减少了跑空的概率,对消费者来说出门就有车可乘,更加方便和节约时间,对于打车软件的互联网公司来说,现在的软件虽然是采用免费经营模式,之后同样会有大量的增值业务来源。

三、"互联网+"出口

互联网有利于降低国际贸易交易成本,对我国目前高贸易顺差的出口导向型经济来说作用不可忽视。传统的国际贸易方式需要经过复杂的手续和中间过程才能到达消费者手中,无形中提高了贸易成本。而互联网的出现使得更多国际贸易类企业采取电子商务形式开展业务,B2B、B2C等方式都大大缩短了生产者和消费者之间的距离,大大节省中间费用,使得贸易单据传递减少、贸易中介减少、贸易库存周转费用下降,从而降低了国际贸易的交易成本,实现了贸易双方的双赢。当然,也可能增加新的转换成本,如技术成本、学习成本、时间成本等[1],但与节约的交易成本相比不值一提。

同时,互联网有利于催生更多的国际贸易新形态。互联网经济时代全球传统贸易格局被打破,世界范围内已经形成了以信息为纽带、以

---

① 傅俊卫、谢永红:《网络经济对国际贸易成本结构影响分析》,《生产力研究》2010年第6期,第35页。

网络为载体的全球性市场,国际经济贸易必然会产生出一些新的贸易方式。跨境电子商务成为国际贸易领域发展最耀眼的一颗新星,而跨境电商的发展与贸易方式的转变息息相关,如订单、发票、海关申报单、进出口许可证等,可以采用网络特定的格式以数字文本传输给对方;电商页面中的网络广告极大程度替代了传统媒体广告;互联网金融带来网上结算、跨境转账、信用消费等国际贸易付款方式的巨大变革等。同时,也促进了更多"弹性企业"的诞生,越来越多的企业根据客户的定制化要求对产品进行设计、加工和生产。互联网营销模式也出现革命性变革,传统、僵化的国际贸易营销套路开始逐渐向主动、互动、用户导向的方向转变。[①] 这些变化对我国而言利大于弊,从电子商务巨头来看,2012 年第四季度阿里巴巴的营业收入已超过易趣(Ebay)和亚马逊(Amazon)的总和,越来越多的中国电商开始涉足跨境业务,而基于中国本土的实践在很多方面已超越国际同行,国际贸易方式的新方向有利于建立我国企业的比较优势。

从互联网经济发展的实践来看,以数据、虚拟、互联等关键词为特色的新兴经济呈现出迅猛的发展势头。腾讯研究院发布的《中国互联网+数字经济指数(2017)》报告指出,2016 年全国数字经济已占据 GDP 总量的 30.61%,成为国民经济的重要组成部分。"互联网+数字经济指数"每增长一个百分点,将带动 GDP 增长 1406.02 亿元。截至 2016 年年底,该指数增加了 161.95 点,据此估算,2016 年中国数字经济总量达到了 22.77 万亿元,占据全年 GDP 总量的 30.61%。无论是对新增就业的带动,还是对 GDP 的拉升,都表现出强劲的活力。

---

① 师如男、袁玮顺:《网络经济对国际经济贸易影响的研究》,《金融经济》2014 年第 22 期,第 33 页。

第二节　互联网重燃产业活力

提到发展互联网经济,很多人直观地认为是要发展虚拟经济、新兴经济,对传统产业产生替代效应,甚至带来传统产业的萧条。而从《关于积极推进"互联网+"行动的指导意见》中对"互联网+"的定义来看,"'互联网+'是把互联网的创新成果与经济社会各领域深度融合,推动技术进步、效率提升和组织变革,提升实体经济创新力和生产力,形成更广泛的以互联网为基础设施和创新要素的经济社会发展新形态"。推动互联网与实体经济和传统产业的融合发展才是发展互联网经济的主线。这种融合发展并不是简单的"物理融合",换言之,互联网不仅仅作为一种技术要素影响产业发展,而是一种"化学变化",带来生产方式、组织方式、商业模式和发展思维的全面变革,使更多的传统产业焕发出新的生机。

一、"互联网+"农业

农业关乎国家稳定、民心安定,关乎粮食安全、国家安全。互联网是农业组织形态的新框架、农民生产经营的新工具、农村全面发展的新载体,可全面对接农业生产、经营、管理和服务等各个环节。针对当前我国农业存在的组织形式小散、生产方式粗放、服务水平滞后、质量安全缺失等一系列突出问题,"互联网+"现代农业将为提升农业生产、经营、管理和服务水平,促进农村一二三产业融合发展,发展现代农业提供有效途径。

一是互联网有利于实现农业生产的标准化。互联网时代,因为互联网和物联网的结合,农业生产标准化成为可能。在实施农业精准干预的过程中,通过对农业生产的传感器等智能设备进行投入,可以构建基于环境感知、实时监测、自动控制的信息化监控体系。通过建立农业发展的数据库系统,包括卫星遥感资料、病虫害资料和区域气象资料等,实现数据的优化整合。针对农作物不同阶段的生长特征,需要建立分类标准、体系完善的数据库,从而提高对监测数据的分析能力。[①] 例如大棚里面的光照水平够不够某个种类植物的生长,不够的话可以自动补光,补到多少有准确标准,比如实时检测土壤里面的含水量,不够的话直接自动补水,并根据不同植物实现定点滴管,极大节约水资源。这些信息化的技术可以让农业的标准化生产提升一大步。

二是有利于创建廉价而且高效的营销入口。以前农民卖自家的农产品很难形成规模,而互联网的出现使农产品买卖变得更加高效、便捷,甚至每家每户都直接可以利用网络平台销售。互联网也为农业专业化组织的发展提供了契机,降低了信息沟通成本,减少了信息不对称现象,有利于形成网络规模效应。生鲜电商的核心是农产品电子商务的主要形式。目前,我国生鲜电商中运营较为成功的大多为淘宝、京东、1号店、苏宁易购等巨无霸型平台企业,也有我买网、顺丰优选、本来生活等先天具有快递、媒体营销、采购基因的企业。而在全国3000多家以农民专业合作社为基础、依托本地特产资源或面向本地服务的生鲜电商中,真正形成影响力者则少之又少。[②]

三是有利于树立安全健康的品牌形象。中国最热点的社会问题之

---

① 郭佳妮:《"互联网+"时代下推动农业经济发展的探索》,《中国集体经济》2017年第5期,第7页。

② 吴志坚、邱俊杰:《农业合作社运营生鲜电商平台的挑战、意义与机制》,《科技管理研究》2015年第19期,第198页。

一就是食品安全,互联网在农业的运用可能也会带来一线转机。例如二维码的广泛应用,扫一下二维码,农产品的出产地、生产者姓名、采摘时间、培育方式、运输渠道、进超市时间等信息可以进行全流程追溯,对农产品安全形象的建立非常重要。

四是有利于提高农村金融服务水平。农民金融需求的满足与小微企业有类似之处,都是比较小额但又蕴含较大风险,所以传统金融机构贷款积极性较低。利用互联网金融小、快、准的特点,对满足广大农民扩大再生产的需求具有实质性推动作用。将分散的农户组织化并嵌入产业链,能有效改变单个农户在竞争中的弱势地位,提高产业链效率,也可以有效集中农户需求,促进专业金融服务,尤其是充分利用互联网金融的优势,服务农户金融需求。①

在农业组织形式上,"淘宝村"现象非常值得注意。根据阿里研究院的定义,"淘宝村"现象是指聚集在某个村落的网商,以淘宝为主要交易平台,以淘宝商生态系统为依托,形成规模效应和协同效应的网络商业群聚现象。目前,"淘宝村"的发展出现了以浙江义乌为代表的地域性集群,政府也从物流、税负、人才培养等方面给予"淘宝村"支持,B2B类的电商村开始规模化出现。"淘宝村"开始从之前村落层面的产品集散中心转向更大区域的特色产业集群。②

二、"互联网+"工业

工业制造是国民经济的重要支柱。互联网正在成为驱动制造业变

---

① 宋华:《新兴技术与"产业供应链+"——"互联网+"下的智慧供应链创新》,《学术前沿》2015年第11期(下),第21页。

② 房冠辛:《中国"淘宝村":走出乡村城镇化困境的可能性尝试与思考——一种城市社会学的研究视角》,《中国农村观察》2016年第3期,第71页。

革的核心力量。作为共性技术和关联纽带,互联网可以实现企业与个人用户、企业与企业用户、企业与产业链上下游的高效协同,有利于推动产业提质增效升级。

一是工业的智能化。利用一些大数据来分析不同客户群的需求,进行智能化的工业生产,改造传统的工厂、改造传统的物流。智能制造是工业 4.0 的最重要特点,也就是充分利用包括互联网在内的先进技术工具,对原有的工业生产方式进行智能化的改造。在工业智能化领域,提高对周期越来越短的浮动市场的灵活性是企业提高竞争力的关键。适应能力、灵活程度不只体现在使用设备和价值创造链条,还包括制造过程和员工对灵活性的适应。定制生产和微型生产的速度会加快,产品多样性大幅提高,企业需要更快的生产速度和变化速度,因此未来生产要更加差异化和均衡化,必须加强变化能力和组合能力。同时,员工工作差异越来越大,也需要员工对更复杂、更智能的制造系统的掌控能力,换言之,对员工的信息化能力提出更高的要求。对客户要求进行快速反应是重要竞争力,按需生产在未来会作为生产范例大面积铺开,使人员配置达到足够灵活的程度。

二是产品的定制化、个性化服务。互联网时代个性化除了体现在服务需求方面,也逐步传递到工业生产领域,意味着工厂需要可靠且及时地小批量生产出品种全、针对客户需要的个性化产品。个性化生产会使得生产单位越来越小,越来越分散。生产控制需要更加精准,包括掌握产品的复杂程度、流程和材料供应,在市场多变和销售预测不可靠的情况下确保短时间供货的能力,从集中控制转向自我控制流程灵活的、分散的、协调的控制。透明和高信息密度是生产分散的基础,分散控制在局部对工作任务和订单顺序进行优化,能够更好地考虑特殊的边界条件,将优化目标进行分解,并对不断变化的要求做紧急和灵活的反应。分散化生产需要最新的数据作为依据,需要全面联网和迅速的沟通,以对跨部门的流程和程序进行控制和协调。中国工业定制化生产比较典型的案例是红领集团,在红领集团的服装个性化定制模式中,消费者可以直接在服务平台上提出需求,柔性化生产线在 7 个工作日即可交付。这一模式既以批量化的生产形式控制了生产成本,又以个性化的产品形态满足了用户需求,实现了传统服装制造业企业的转型升级。

三是发挥分散化组织的优势。个性化生产必然带来组织的分散化变革,未来工厂需要能够自主运行、自我配置和自我空间分配的生产资源,这种自我控制组织首先会出现在工厂的子系统中。分散的自我组织的联网生产设备能够自行识别和配置需要的部件和磨具,通过互联网自行查询厂家或其他工厂的程序参数。有逻辑的自我控制程序和生产委托订单通过整个价值创造链来规划其工作步骤,进而预定所需材料和购置生产所需的产能。如果预计到会出现生产延迟,可以组织额外的人力,告知生产委托方出现了不可避免的偏差。现在的华为和海尔这些传统的制造业企业,都在进行组织层面的改造,往分散化的方向改造。不仅仅是生产过程,在创意过程方面,也有越来越多的工业企业在内部成立创业基金、众创空间等创业载体,鼓励每一个员工成为创业者,发挥"蜂群智慧"为整个大的企业集团服务,真正体现"大众创业、万众创新"的精神。

四是带来资源环境代价的减少。互联网为发展绿色经济、循环经济、集约经济提供新的路径选择。政府部门和相关企业通过互联网,可以实现资源环境的动态、实时监测,促进生态环境数据的互联互通和开放共享,实现绿色生产和管理。再生资源回收利用企业通过互联网,能够打造逆向物流回收体系,创新交易方式,促进生产生活方式绿色化发展。

三、"互联网+"服务业

当人均 GDP 达到 8000 美元以上的中高收入阶段,需求集中度将出现迅速和明显的下降,进入到厚尾的市场结构。随着多样性需求的提升,人的服务需求也大幅上升。当人均 GDP 达到 12000 美元的高收入阶段,特别是突破 20000 美元时,多样性需求将进一步转向定制化需求,长尾的需求分布是其特征,服务业占比将超过 70%①。《梦幻社会》(Rolf Jensen,1999)一书同样展示了类似的场景,在不远的将来人们愿意将大部分收入用于获得生活体验,这种情感上的体验通过与创意产品和服务结合起来,来满足人们从单一商品消费需求向多元化消费需求与差别化消费需求转变。中国互联网经济的发展实践似乎正在验证这一规律,"互联网+"服务业成为互联网经济中最先发展的领域,也是至今最活跃的领域。以电子商务为例,2016 天猫"双 11"全球狂欢节 24 小时总交易额 1207 亿元,无线交易额占比 81.87%,覆盖 235 个国家和地区。菜鸟网络共产生 6.57 亿个物流订单,支付宝实现支付总数 10.5 亿笔,同比增长 48%。支付峰值达到 12 万笔/秒,也刷新了峰值纪录。

托夫勒在《第三次浪潮》中把信息产业的时代定义为服务业的时代。加快发展基于互联网的政务、医疗、健康、教育、旅游、社会保障等新兴服务,有利于创新服务模式、优化资源配置、提高服务效率、改善服务质量。传统产业与互联网经济之间经历了从碰撞、抵制、竞争到合作,电子商务、即时通信、搜索引擎、网络娱乐、互联网金融等经济活动

---

① 张磊、张鹏:《中国互联网经济发展与经济增长动力重构》,《南京社会科学》2016年第 12 期,第 7 页。

领域进一步扩大,服务业的形态发生根本性改变。①

　　"互联网+"服务带来的改变首先体现在服务的个性化上。例如在电商的服装销售领域,比较大的挑战是衣服是否合体,而现在有的企业推出了"互联网+"试衣镜,通过智能获取和识别消费者形体特征,向消费者呈现试衣效果,从而方便、快捷地挑选到心仪的衣物。

　　互联网可以汇聚个人的力量成为集体的智慧,打造出共享经济的盛宴,这一点在信息类服务业方面表现得尤为明显。比如在线教育,目前,全球最大的慕课平台已经集聚了哈佛大学、麻省理工、北京大学等全球顶尖学府最优质的教师和课程资源,累计为全球近 200 个国家和地区的 1200 万余学生提供了课程服务。

　　另外一个趋势就是服务主体的多元化。众筹、众包、众创平台如雨后春笋般出现,每一个人将不再是单纯的服务的享受者或提供者,而是成为产消者,参与到生产和服务过程之中。我们对知识的理解可以上传到 wikipedia 或百度百科为大家所共享,我们富余的房间可以通过 Airbnb 出租给短期到这个城市旅行的旅客,我们闲置的资金可以通过众筹平台贷给有资金需求的创业者,等等。

　　正如佛罗里达(Florida,2010)所指出的,创意阶层的人们喜欢更富有自主性的和更能够参与其中的体验。从经济视角来看,体验经济可以被看作是创意经济价值链的自然发展,特别是随着新媒体和社会网络的发展,文化融合开始出现,创作者和消费者不仅可以互动获取知识、技能和各种信息,而且通过共同参与创意产品和服务的创造②。正

---

①　欧阳日辉:《从"+互联网"到"互联网+"——技术革命如何孕育新型经济社会形态》,《学术前沿》2015 年第 5 期,第 25 页。

②　[澳]约翰·哈特利:《创意产业读本》,李士林、黄晓波译,清华大学出版社 2007 年版,第 147 页。

是体验经济社会以"快乐"为基础的假设打破了工业社会主导的传统"经济人"完全理性的假设①。由此,体验经济时代注重体验和个性的自我实现促使了人性消费和另类文化消费的出现。

四、"互联网+"产业融合

"互联网+"除了可以对传统产业进行升级改造外,还前所未有地提高产业关联性,一、二、三产业之间投入产出的相互依赖关系以及各种经济联系在互联网的作用下高度强化,从而进一步促进产业融合。产业融合是由信息技术革命引发的不同产业或同一产业内不同行业之间通过相互交叉、相互渗透,逐渐融为一体,形成新产业属性或新型产业形态的动态发展过程。胡珀(Hooper,2003)认为,产业融合并不是一个"一维空间"的概念,而是包括了基础技术融合、网络融合、设备融合、企业融合和管制融合五个维度的内容。产业融合的演进主要表现为高新技术的渗透融合、产业间的延伸融合以及产业内部的重组融合②。

信息技术的发展大大拓展了传统产业的生产可能性边界,破坏式创新在各个领域进行颠覆、重塑。传统企业更多着重于自身主营业务和优势产品的持续性创新,"更好、更快、更强"成为普遍的追求,而互联网经济世界里的软件类企业可能很容易打破界限涉足硬件生产,并带来革命性的产品变革。例如乐视、小米等互联网企业开始生产电视,表面上看与传统电视生产企业相比没有任何技术优势,但在分工高度细化的合作经济时代,生产可以外包给其他生产厂家,而且这种互联网

---

① 杨静:《"经济人"假设的反思与评判》,《上海经济研究》2006 年第 2 期,第 83 页。
② 于刃刚、李玉红、麻卫华、于大海:《产业融合论》,人民出版社 2006 年版,第 285 页。

电视一方面将电视、游戏、上网、视频平台等诸多功能集于一身,丰富了消费者的产品体验,拓展了新的市场领域,另一方面具有传统电视厂家并不具备的成本优势,例如乐视可以将未来几年的视频平台广告收入贴现给电视机消费者,从而大大降低电视机价格。

互联网作用下的三大产业界限逐渐模糊,产业链被不断延伸,例如越来越多的农业企业开始利用新的生产技术进行农产品深度加工,并通过电商平台进行产品营销,由以前的农业属性转化为兼具三大产业内容的新型企业。再如传统工业企业的服务化转型,更加注重软件、网络、大数据等对工业领域服务方式的颠覆。三一重工近几年的转型发展体现了工业互联网的发展路径和模式,一个典型做法是将传感器和其他先进的仪器仪表嵌入销售的大型机械,在机器运行过程中收集并分析海量工业数据,后台系统可以从智能设备和网络中直接获取数据,然后利用技术工具进行存储、分析和可视化,这一做法一方面大大节约了后期检修服务成本,很多机械和技术问题可以通过后台操作和远程指导来进行,不需派人到现场作业,同时,产生的海量工业数据有利于改进机器性能,提高系统和网络的效率,信息可以供决策者使用,或者作为各工业系统中更广泛的工业资产优化或战略决策流程的一部分。对工业数据进一步积累、加工、分析,还可以成为公司为其他客户进行定制化服务和延伸性服务的重要资源。

从产业管理体制上看,现存的政府管制限定了清晰的产业边界,可能影响产业融合的发展,对现行的政府管制提出了挑战。[①] 产业融合将导致产业基础、产业关联、产业结构、产业组织和产业布局等方面的根本变化,现有反映部门特性的多头分管体制将趋于融合,形成新的政

---

① 姚祯:《信息化条件下产业融合的政府管制》,《唯实》2006 年第 5 期,第 52 页。

策法律框架,尤其是新的管制政策。[①]

第三节　互联网助力创业创新

　　互联网经济的发展催生了很多新的业态,从一定程度上增加了劳动者的就业空间和就业选择,也使劳动者从事的工作更为纷繁多样。2014 年中国就业促进会发布《网络创业就业统计和社保研究项目报告》,全国仅网络创业带动的直接就业规模就接近 1000 万。创新的扩散使具有信息技术特长的技术人员需求增加,还带来了销售、市场及业务规划等方面人员需求的增加。[②] 可以在一定程度上解决因产业结构调整造成的结构性失业人员的就业问题。网络经济的发展创造了更为广阔的劳动领域,增加了就业机会,丰富了就业形式。诸如电影、音乐、网络游戏等领域既满足人们的需求,又创造了空间广阔的劳动领域与职业类型,也给劳动力市场供求双方提供了更多直接交流的机会,减少了劳动力的择业时间和择业成本,缩短了劳动力的就业周期。[③] 同时,智能化的趋势使得人的劳动出现了深度分工,体力劳动、智力劳动、创新劳动、创意劳动等的分化逐步清晰[④],人的创新潜力得以更好发挥。互联网经济的创新集聚效应主要包括资源共享以及能力互补优势、知

---

　　①　周振华:《信息化与产业融合》,上海人民出版社 2003 年版,第 26 页。

　　②　谢静:《网络经济时代的就业变迁分析及其对中国的影响》,《北方经济》2012 年第 2 期,第 36 页。

　　③　许峰:《网络经济对中国经济发展的影响及对策》,《长江大学学报(社科版)》2015 年第 3 期,第 62 页。

　　④　林涛:《生产力视角下的互联网经济初探》,《马克思主义研究》2016 年第 11 期,第 44 页。

识溢出效应和集体学习机制。

在中国经济发展内驱力从要素驱动转向创新驱动的新常态背景下,"互联网+"在生产方式、消费模式、管理理念和组织形式等方面带来的变革将有效激发创新活力,提高创业成功率,成为促进大众创业、万众创新的重要驱动力量。国务院办公厅印发了《关于发展众创空间,推进大众创新创业的指导意见》,提出将"大众创业、万众创新"作为我国经济转型和保增长双引擎之一。

大众创业、万众创新是把双刃剑。一方面可能成为经济发展的新引擎、扩大内需的新手段、科技发展的新动力,另一方面也可能成为吞噬大量中产阶级家庭资产的黑洞。创业的成功不仅需要创业者自身在了解和把握市场需求、市场风险、商业模式、企业管理等方面有较高素养,也需要比较完善的市场环境和公共服务环境,成功者在广大创业队伍中寥寥无几。目前我国高校毕业生创业成功率不足4%,其中大部分创业者举全家之力投入创业,一旦创业失败,可能带来家庭资产的灭顶之灾,也对社会保障体系带来更大负担。因此,大众创业、万众创新既要积极倡导,又要稳妥推进。

互联网的出现可能为创业创新带来更公平的起点、更丰富的资源、更多的投资机会、更便捷的融资渠道和更高效的公共服务。

一、促进起点公平

在传统经济模式下,区位优势、规模优势、资源优势在不同区域、不同收入、不同行业的创业者之间差异巨大,创业成为少数人的盛宴。而互联网的出现将大大降低创业门槛和创新成本,带来技术、资金、人才、数据等新型要素资源更加均衡的分布,激发创业创新的浪潮。只要"一机在手",无论身处城市还是农村,东部还是西部,人人都有几乎均等的机会获得市场信息、了解市场需求、寻找亟待改造的"痛点",从而找到创业创新的突破口。互联网经济门槛低、成本小、易操作的优势,可以降低自主创业成本,为大学生和创业者、转型者、失业者创造新的事业发展机遇,可以通过在天猫等第三方网购平台上开店实现就业。①2014 年百度开放平台上的开发者数量达到 100 万,同比增长 50%。腾讯开放平台上的开发者数量超过 500 万,同比翻两番。阿里巴巴"云合计划"拟招募 100 家大型服务商、1000 家中型服务商、10000 家小型服务商合作伙伴。说明互联网时代不仅精英能够创业创新,广大平民百姓也可以加入到创新创业的行列中来,真正使社会大众成为创新活动的重要参与者。

二、提供丰富资源

长尾端市场机会与无限延展的网络为创业者提供了尚未被关注的市场空间和丰富的创业支撑资源,也使整个创业活动门槛显著降低,从而催生了大众创新和"草根"创业时代。② 从宏观层面看,巨大的网络规模优势成为创新创业的"金矿"。中国互联网网民数 2016 年已突破7 亿,其中九成以上为手机网民。固定通信、移动通信全球网络规模最大,建成了世界最大的 4G 网络,4G 用户占全球 1/3 强。这些用户规模和网络规模优势是社会共有的资源,所有渴望利用互联网创业创新的人群均可以从中发掘出巨大的价值。从微观层面看,互联网时代是共享经济的时代,企业之间的关系不再是你死我活的零和博弈,资源和信

---

① 董玉春:《"互联网+"语义下网络经济与实体经济协调发展研究》,《中国集体经济》2016 年第 10 期,第 15 页。

② 胡贝贝、王胜光、任静静:《互联网时代创业活动的新特点——基于创客创业活动的探索性研究》,《科学学研究》2015 年第 10 期,第 1521 页。

息的共享共赢将成为更多领域的常态,零边际成本的时代将使得创业创新者能够享有的社会资源爆炸式增长。互联网企业需要与合作伙伴形成稳定、高效、精简的合作关系,创业者的竞争性资源要与基于互联网的非竞争性互补资源相结合,才能发挥互联网创业的优势。①

三、拓展投资机会

首先,互联网为做优经济存量带来新的机遇,互联网可以有效提高传统产业的资源配置效率,降低各类交易成本和渠道成本,很大程度上解决生产者和消费者之间的信息不对称问题,带来更多的投资领域和消费需求。其次,有利于做大经济增量,快速催生新型的创业创新理念和模式,打造新的经济增长点和新的商业模式。传统产业的边界不断被颠覆融合,购物、娱乐、医疗、教育、出行等消费方式不断更新再造,满足个性化、定制化需求的产品和服务边际成本不断降低,广大时尚青年成为新的消费中坚力量,甚至以众包、众筹等方式参与生产过程或投资过程。在互联网时代所衍生的各类主体和平台的支撑下,创业机会的挖掘正在向长尾市场延伸,关注小众市场、追求长尾经济效益成为互联网时代创业的热点。创业资源整合和团队组建活动得到了互联网背景下线上线下相结合的创业网络的充分支持。依托信息技术和各类开放平台,小批量、多品种产品的经济效益逐步显现。与传统创业渠道相比,网络创业渠道的复杂性降低,使得运营的可控性大大增强,成本和风险降低。②

---

① 许佳荧:《非竞争性互补资源与"互联网+"创业》,《经营与管理》2015 年第 12 期,第 17 页。

② 胡桂兰、朱永跃:《网络经济下"网商"创业发展阶段研究——基于淘宝网的调查分析》,《江苏大学学报(社会科学版)》2010 年第 1 期,第 84 页。

四、降低融资成本

传统银行的客户群体是典型的倒金字塔结构,主要服务群体是顶部的精英群体和大型企业,而在满足中小创业者的需求方面存在着先天的劣势,高成本、低收益难以符合传统银行的业绩考核标准。而互联网金融在服务基层群众、服务小微企业方面明显占优。首先是具有成本优势,网上银行只有实体银行经营成本的十分之一。其次是具有信息优势,对大数据的利用可以很大程度上解决信息不对称,从而降低传统银行最担心的风险问题。比如说阿里小贷可以几分钟内完成对淘宝商户的评估并提供贷款,因为数据后台掌握了这个商户所有的进货记录、交易记录、违约记录等。此外还具有分散化优势。可以用互联网平台来解决分散的金融需求,钱来自千家万户,然后再把钱分散到千家万户,既积少成多,又分散风险。2014 年可以说是互联网金融的井喷年,整个互联网金融的规模达到 10 万亿,尤其是第三方支付达到了 9 万亿。一方面确实对传统的银行业产生了很大的冲击,另一方面也为广大创业者和小微企业提供了更便捷的融资渠道。

五、优化公共服务环境

较低的制度成本是创业成功的重要外部因素之一,而我国涉企公共服务长期存在职能交叉、手续烦琐、信息不畅等问题,互联网的出现将对这些问题的逐步解决提供新的工具。网上审批的推广有效减少企业审批时间、简化审批手续,将为企业节省大量时间成本和人力成本。公共信息共享机制的建立和完善有利于企业掌握更多的政府信息和市场信息,并降低信息检索和使用的成本。各类政务平台和微信公众号的出现为企业了解政策信息、表达政策需求、反馈政策意见等提供了更广阔的渠道。

第四节　互联网促进金融普惠

金融是经济的血液,虽然属于服务业范畴,但因其与其他产业及行业的高度相关性和高度融合性,也因其自身与其他行业显著不同的特殊性,故单列进行探讨,以下各章也将作类似安排。

互联网"云"的作用机制和关键经济特征为金融领域带来深刻变革,其重要特点是利用互联网活动中的边际效益递增规律使个体金融服务供需模式得到进一步优化,使资金融通的时间、空间和数量边界得以扩展。互联网平台构筑了金融活动的"长尾",使得通过极低成本创造经济价值成为可能。互联网金融的去中心化、服务大众的思维促进金融资源的均衡分布,提升金融消费者的参与深度和效用价值(黄益,2013)。

互联网金融近几年进入井喷期,根本原因在于互联网金融治愈了传统金融的诸多痛点,尤其是补齐了传统金融机构在服务小微企业、农户、小额资金所有者等非精英客户方面的短板,更加贴近金融作为经济血液的本质,成为实现普惠金融的重要平台。

一、普惠是互联网金融的精神实质

互联网金融是互联网"开放、平等、普惠、协作、分享"的精神在金融领域和金融业务中的体现,使得金融产品和服务交易成本更低、信息不对称更少、参与度更广、受惠群体更大。互联网的技术和思维方式为金融领域带来深刻变革,其重要特点是利用互联网活动中的边际效益递增规律使个体金融服务供需模式得到进一步优化,使资金融通的时间、空间和数量边界得以扩展。

传统金融从本质上讲并不适宜于提供小微金融服务,其赢利模式是典型的"二八定律"的体现,客户结构是典型的正金字塔型结构,而利润结构是典型的倒金字塔结构,换言之,少数的精英客户给金融机构带来主要的赢利来源,因此,其产品开发和金融服务的视角是向上的,关注顶层客户(例如大型国企)的产品体验和服务体验。而为广大小微企业或农民服务不符合传统金融机构成本收益分析的理性结果,例如数额较小的一笔贷款业务,银行同样需要付出较多的人力、物力进行前期资质评估、抵押物审查、风险预判,办理中期的各种贷款业务流程,关注后期的利息和本金偿还是否存在违约风险,相对于小额贷款业务的微薄利润,对银行而言可能入不敷出。

互联网金融是对"二八定律"的背反,其客户结构与利润结构均为正金字塔型结构,决定了为金字塔底部的广大普通资金需求者和资金持有者提供金融产品和服务符合其内在要求,普惠是互联网金融的精神实质。互联网技术的发展有效降低了金融服务的成本,网上银行成本只有实体银行的1/10左右。基于商业场景和用户需求的服务使互联网金融符合供给侧结构性改革的核心要义,增强了金融供给和金融需求的匹配度。互联网金融有利于建立紧密的全流程金融合作伙伴关系,改变了传统金融只重两端、不重过程的现状,有力提升金融消费者和金融投资者的参与深度、效用价值。互联网金融对区域和区位的依赖度降低,有利于促进金融资源的均衡分布。

二、互联网金融实现普惠的技术基础

互联网金融得以实现普惠,从技术基础看,与大数据、移动互联、云计算等技术的发展密切相关。

　　大数据应用是借助网络平台凝聚的物流、资金流、信息流等形成的海量数据，通过数据模型处理技术及时提供准确和安全的信息，降低交易双方的信息不对称程度。大数据强调全体性而非随机性，体现相关关系而非因果关系，使信用机制和交易过程在金融风险评估中的作用大大增强，改变了传统金融机构以历史和存量为依据的风险评估带来的"穷者愈穷、富者愈富"现象。大数据使得时间序列的动态风险评价成为可能，金融机构可以实现以更低的成本为资金需求者提供动态违约概率，解决信息不对称问题，颠覆了商业银行传统的风险定价方式。大数据的发展保证了金融数据所具有的大量级以及多样化，且通过搜索引擎可以随时查询，为互联网金融的发展提供坚实的信息基础，也有效降低了信息成本、减少了信息不对称的产生。

　　随着移动互联网的发展和智能终端的普及，移动互联技术得到了极大提高。一方面降低了金融产品和金融服务对空间的依赖，随时随地进行移动支付、网上理财成为可能，同时提高了对碎片化时间的利用，带动了商务领域的网上购物和金融领域的第三方支付等业务井喷式发展。另一方面使得社交网络信息成为传统金融信息的有效补充，个人和机构在社交网络上的信息碎片，比如个人消费习惯、风险偏好和企业经营情况、信用记录等，经过深度挖掘与分析，可能帮助金融机构设计出更符合实际需求和针对性更强的金融产品和金融服务，也有利于完善个人和企业信用信息体系。

　　云计算包括通过互联网提供的应用服务以及数据中心提供的软件与硬件服务。云计算在金融领域的应用主要有以下优势：一是有利于提高运算效率，帮助金融企业增强数据分析能力、缩短运行时间和响应时间等。二是有利于分散风险，云计算不再依赖于大型化、集中化的数据中心，而是将计算能力和储存空间分散到无数中小型终端上，明显提高了应对自然灾害、黑客攻击等突发事件的能力,降低了金融风险。三是有利于节约服务器资源,金融机构不需要耗费大量财力设置大量服务器,大型机构采用私有云,中小机构采用公有云,能够显著降低硬件成本。

三、互联网金融实现普惠的比较优势

首先,互联网金融发展实现普惠具有制度优势。一是中国金融体系的"金融压抑"为互联网金融的发展留下了巨大的市场空间。互联网金融是中国不完善的金融市场环境的必然产物,中国的金融体系长期处于"金融压抑"之中,利率受到管控,资金主要由银行体系进行配置,传统金融服务的落后和供给不足,金融市场效率低下,实体经济的巨大融资需求没有被满足,大量社会资本缺乏投资出口,广大中小企业和农民的金融需求被严重忽视,互联网金融的出现有利于弥补传统金融短板、满足大多数企业和个人的金融需求。以阿里巴巴集团的金融服务发展为例,从为买卖双方提供第三方金融担保平台发起了支付宝业务,到为淘宝店主等小微企业提供便捷借款渠道的小贷业务,再到大大降低小额资本所有者理财门槛的余额宝业务,其主线都是以满足客户需求为导向,解决的问题均为传统金融的痛点。二是传统金融分业监管的行政体制为互联网金融的发展留下了创新空间。传统金融市场的高度管制,为银行等传统金融机构划定了严格的业务范围、产品类型、资金要求、风控标准等,而对于金融创新尤其是跨行业的金融创新存在监管盲区,使互联网金融作为市场新进入者有了存活的机会。虽然产生了一定的野蛮生长和风险问题,但至少互联网金融这一新生事物站稳了脚跟。

其次,互联网金融的实质是长尾理论在金融领域的应用,互联网平

台使得金融活动的长尾价值得以体现,通过极低成本创造经济价值成为可能。长尾理论认为只要存储成本和信息成本足够低、庞大的具有个性的消费者数量足够大,销量不大的利基产品一样可以和品种有限的主流产品所占据的市场份额相匹敌甚至更大。互联网金融产品的数字特征使其储存、分发的经营成本微乎其微,互联网连接技术和搜索技术的快速发展使金融供需双方的交易成本和搜寻成本显著降低,催生了互联网金融的长尾市场。而长尾本身意味着更大的、更具普遍性的客户群,也意味着互联网金融的本质更接近于普惠金融。通过吸引新投资者并增加交易意愿,提升用户规模和交易频率,可以促使金融长尾延伸、增厚和向上移动,从而进一步增强金融的普惠性。

再次,互联网技术降低金融交易成本和信息不对称的程度,使金融从"专业版"走向"傻瓜版"。互联网改变金融交易的组织形式,大数据高效揭示信息,提高金融风险定价和风险管理的效率,资金供求双方直接交易,出现脱媒,交易可能性边界得以拓展,互联网金融将逐渐逼向瓦尔拉斯一般均衡所对应的无金融中介或市场情形。从这个角度看,互联网金融会淡化金融业的分工和专业化程度,降低专业性带来的信息不对称及机构赢利空间,打破银行、保险、证券的传统行业界限。未来公众对于自己的闲置资金想投什么、怎么投,企业融资从哪儿融、如何融,可能从网上下载相应的软件就可以实现。个体间的直接交易将随着互联网金融的发展大幅提高,这种行为主体和参与方式的创新,意味着互联网金融是更大众化、更普惠的金融模式。从风险分担角度看,互联网金融创新还可以增加金融市场中产品的种类,为投资者提供更多风险分散手段。同时,互联网金融和物联网、电子商务及其他消费场景结合起来,使互联网金融更易于进入寻常百姓家、融入百姓的日常生活。

第五节　互联网推动成果共享

共享理念随着党的十八届五中全会的召开成为影响未来发展方向的五大发展理念之一,意味着发展的重心将由效率优先转向兼顾效率与公平。"十三五"时期是全面建成小康社会的决胜阶段,"做大蛋糕"和"公平分配蛋糕"对实现全面小康目标同样重要,而"做蛋糕"和"分蛋糕"的过程实际上是创造价值、传递价值和分享价值的过程,互联网在这三方面都将发挥不可替代的作用。可以说,互联网是实现共享理念的最佳载体。

一、创造价值:扩大国民财富总量

"做大蛋糕"是实现全面小康的基础,意味着首先要创造价值,国民财富总量必须足以保证人均占有值达到小康水平。互联网在提高资源配置效率、提高公众参与度、以新供给创造新需求等方面具有先天优势。

首先,互联网将大幅度提高资源配置效率。在要素层面上,互联网虽然不直接提供土地、劳动力、资本、能源、原材料等生产要素,但通过人与人的相联、人与物的相联、物与物的相联,极大拓展了各生产要素之间的触点,极大解决了生产过程中的信息不对称,有利于促进要素供给与需求的匹配,进而减少要素资源浪费,扩大生产者可利用要素的数量和范围,提高生产要素的使用效率。O2O 洗衣业务是非常典型的例子,O2O 企业本身可以不拥有洗衣店,而是增强比传统洗衣店涵盖范围更大的洗衣业务消费者需求信息的分析,减少其他洗衣店的设备闲置时间,提高资源利用效率,以此获得收益;对消费者而言洗衣更加便利,有专人上门收取和送还衣物,且不需付出更高的成本;对洗衣店而言扩大了业务范围,虽然让渡出部分收益,但从总量上获得更多的赢利。可以说,O2O企业通过生产要素的优化配置实现了相关利益方的共赢。

其次,互联网为公众参与生产过程提供更大的可能性。"人人参与、人人尽力、人人享有"是共享理念的内在要求,这意味着共享不只是结果导向,也是过程导向,不只是权利,也是义务。从价值理念上看,如果只强调共享,不强调参与,难免出现"搭便车"和"公地悲剧",人人坐享其成只会坐吃山空,只有社会各界在互动合作中避免零和博弈、创造共享价值,才可能实现社会整体福利和公共价值的提升,为更高水准的共享创造条件。随着网络社会的深入发展,在生产领域消费者越来越多地参与生产环节和投资活动,成为凯文·凯利所谓的"产消者",在公共事务领域公众的参与意愿和参与需求日益强烈,"参与"和"尽力"不必作为强制约束,而是顺应民意、体现民心,有了更高程度的参与,共享成果也自然水到渠成。

再次,互联网是通过新供给创造新需求的沃土。2015年11月10日习近平总书记在中央财经领导小组会议上首次提出"供给侧结构性改革",供给侧改革成为宏观经济和政府经济管理领域的新词和热词,互联网恰恰在刺激新供给进而创造新需求方面具有无可比拟的优势。在供给端,互联网的广泛应用带来新的生产方式革命,工业领域随着信息世界和物理世界的深度融合将产生更智能化、个性化的新产品,服务领域在传统经济条件下无法解决的痛点被发现和弥补,新的产品和服务如雨后春笋般涌现,经济在供给端的活力被进一步激发。在需求端,随着社交网络的发展,人与人之间交流的频次和范围大幅提升,信息传播的速度更是日新月异,供给端的新产品新服务向需求端转移的速度也令人瞠目结舌,供给和需求之间的距离从时间和空间两个维度都被大大压缩。由此可见,互联网必将在新一轮的供给侧改革中发挥生力军作用。

二、传递价值:减少国民财富损耗

扩大国民财富总量一方面需要尽可能多创造价值,另一方面也需要在传递价值过程中尽量减少国民财富的损耗,二者同属于"做大蛋糕"的范畴。互联网不仅有利于降低市场交易成本,还有利于降低制度成本,从而减少传递价值过程中的财富损耗。

一是降低市场交易成本。互联网领域新的商业模式大多与降低市场交易成本有关,而传统经济由于地域和信息的限制,交易成本很难降低。在空间关系上,互联网前所未有地拉近了生产者和消费者之间的距离,很多企业可以实现从工厂到用户的点对点交易,从而大大降低了因过程交易产生的不同级别经销商、门店等超额渠道成本,也大大压缩了物流成本。在信息沟通上,互联网很大程度上解决了信息不对称问题,无论生产方的不同产业链环节之间、上下游产业之间,还是生产者与消费者之间,因信息不对称产生的巨大信息沟通成本被有效降低。同时,大数据技术的广泛应用也有利于解决生产者之间、生产者与消费者之间的信任问题,有效降低为此付出的交易成本。如传统银行为借贷人资质审核、风险评估付出高额成本,而互联网金融可以基于对借贷人各类数据的分析,以更低的成本实现风险控制和高效服务。

二是降低制度成本。共享的实现有赖于合理的制度设计,构建社会共享机制是制度创新的重要组成部分。公正的制度和政策能为不同的社会主体提供平等的利益表达机会和参与社会价值分配的机会,保障不同社会利益群体在平等对话和协商的基础上争取各自利益的最大化,在合理表达和适当妥协的基础上达到利益分配的动态均衡,从而实现未必绝对平等但相对公正的社会利益共享格局。互联网的应用将拉近制度制定者和执行者之间的距离,形成更加高效的双向甚至多向沟通回路,使制度的供给和需求匹配度进一步提高,使制度和政策的负效应被控制在尽可能小的范围之内并在尽可能短的时间内被矫正。同时,信息公开化将进一步提高行政透明度,社会资源的有效配置将进一步提升行政效率,这些互联网对政府治理的改善都将显著降低经济社会发展的制度成本。

三、分享价值:促进国民财富公平分配

"公平分配蛋糕"是实现全面小康的必要条件,也是社会主义的本质要义。互联网在初次分配和再分配领域都可以发挥正向作用。

共享关键的内核是利益调整,在初次分配领域,既涉及政府和民众之间的利益格局调整,也涉及民众内部的利益格局调整。

首先,要处理好"民富"与"国强"的关系,不能为"国强"的目标而牺牲"民富"的内在需求,在国民收入分配格局中政府占有的比例不应太高,政府所得也应取之于民、用之于民。互联网大大提高了政府事务的透明度,大大提高了公众参与公共事务的热情和可能性,从反向约束的角度必将促使政府财政收支规模和范围真正回归对公共产品和服务需求的满足,减少国民财富浪费。

其次,在民众内部利益分配方面,根据福利经济学第二定理,改变人的初始禀赋是实现公平分配的重要途径。实现真正的共享必须保证各种资源要素在不同社会群体之间公平合理分配,防止因要素分配不均带来的社会阶层固化、贫富两极分化等社会问题。这些资源要素主

要包括教育、医疗、劳动、资本、信息、技术、土地等。互联网突破了地理和区位的限制，扩展了所有人可以利用的要素资源范围，例如互联网教育可以使边远山区的孩子远程聆听到顶级老师的课程，互联网医疗使优秀专家远程为偏僻地区的患者施诊，互联网同样使不发达地区对人才"不求所有、但求所用"成为可能，因此，可以说互联网可以大大提高要素资源分配的公平度。

在再分配领域，共享除了意味着必须通过更加合理的财税制度安排矫正初次分配中的不公平，也意味着必须加大政府对弱势群体的利益倾斜力度，发挥兜底作用，防止边缘群体在教育、就业、政治参与等各个方面失去平等发展的机会与能力。互联网虽然不直接作用于再分配政策，但对再分配的效率提升和效果传播都将发挥重要作用。互联网可以提高公共服务需求信息收集、传递、分析、挖掘、反馈的效率，对再分配重点群体精准化的需求信息分析将带来更精准化的公共产品和公共服务投放，从而有效提高再分配的效率。

第六节　互联网产生新型经济风险

互联网不仅给经济发展带来新动力、新业态、新模式，也推动了传统经济的转型升级，降低了整个社会的交易成本，很大程度上解决了信息不对称问题，提高了资源配置效率，为新常态下的中国经济带来了新的增长点。与此同时，新技术的应用总是伴随着全新的甚至未知的风险。

一、线上模式提高技术风险

互联网经济终究依托线上交易模式，将会面临新的技术风险。中国垃圾邮件、网络攻击量全球第一,互联网安全性成为互联网经济发展的头等障碍。国家互联网应急中心发布的《2016 年我国互联网网络安全态势综述》显示,2016 年移动互联网恶意程序捕获数量、网站后门攻击数量以及安全漏洞收录数量较 2015 年有所上升。2016 年,国家互联网应急中心捕获移动互联网恶意程序数量近 205 万个,较 2015 年增长 39.0%,恶意程序数量近 7 年来保持高速增长趋势。网络犯罪黑色产业已形成规模化,各类钓鱼网站、木马病毒、窃取信息等犯罪行为最为猖獗。360 互联网安全中心 2015 年 11 月发布的《现代网络诈骗产业链分析报告》显示,粗略估计,仅网络诈骗产业链上至少有 160 万从业者,“年产值”超过 1152 亿元,整个网络犯罪黑色产业链“年产值”更是难以估量。可见,互联网经济发展的技术安全问题非常突出,对企业和政府的反制技术、监管政策都提出了全新的、更高的要求。

二、个体消费者风险加大

中国互联网协会发布的《中国网民权益保护调查报告 2016》显示:近一年我国 6.88 亿网民因垃圾短信、诈骗信息、个人信息泄露等造成的经济损失达 915 亿元,人均为 133 元。在垃圾信息方面,近半年,网民平均每周收到垃圾邮件 18.9 封、垃圾短信 20.6 条。其中,骚扰电话是网民最反感的骚扰来源,电脑广告弹窗和 APP 推送紧随其后。在诈骗信息方面,76% 的网民曾遇到过“冒充银行、互联网公司、电视台等进行中奖诈骗的网站”,55% 的网民收到过“冒充公安、卫生局、社保局等工种机构进行电话诈骗”的诈骗信息;47% 的网民遇到过在“社交软件上冒充亲朋好友进行诈骗”的情况;37% 的网民因收到各类网络诈骗而遭受经济损失。在互联网经济时代,企业级市场主体对数据、信息、技术、资本的掌握使其可以用更低成本、更高效率了解用户信息,而对用户来说互联网在解决信息不对称方面的作用效果并非如此明显,反而由于技术的复杂化、模式的多元化、主体的分散化,用户了解企业、平台的信用状况、运作模式、资金流向等信息可能表面上更加容易,实际因为信息碎片化和技术复杂化反而增加了难度,消费者风险也相应增加。企业和个人信息暴露程度大大增加,不利于商业信息和个人隐私保护。

三、风险关联性加强

信息网络技术可使虚拟经济不受时间、地域限制,仅仅通过数字转换就能使资本快速流动,在一定程度上增强了货币乘数的放大效应,加快货币流通速度,为虚拟经济的投机提供更大可能。①

传统经济条件下,不同产业、不同企业之间的关系相对独立,即使某家企业或企业内部某一子公司产生较严重的风险问题,监管部门或母公司也还有一定的纠错时间和回旋余地,以防止不利影响扩散,防止系统性风险的产生。而互联网经济时代的产业关联性大大增强,互联网及时性、快捷性的特点同样在风险传播中体现。以互联网金融为例,在中国现行金融体制下,传统金融企业仍然占主体地位,互联网金融企业大多也依赖传统金融机构进行资管、担保等,互联网金融风险在非传统金融机构与传统金融机构之间出现转移的可能性增大。商业银行为保持竞争优势、提高资产收益率更倾向于从事高风险业务,互联网理财的即时赎回特性也导致商业银行从事期限较短的投资活动,使资金更多流向短期高风险项目,增加了信贷资金的风险②。互联网金融大大

---

① 周子学:《信息网络经济下实体经济和虚拟经济的均衡发展研究》,《产业经济评论》2014年第3期,第11页。

② 李炳、赵阳:《互联网金融对宏观经济的影响》,《财经科学》2014年第8期,第21页。

丰富了金融产品和服务的种类,而金融产品种类的增加将使整个宏观经济体系面临更大的系统性风险,一旦宏观经济出现周期性衰退,金融风险将被迅速地传导至实体经济,这将加剧实体经济的衰退(Dynan,2005)。互联网金融风险导致的社会成本将远远大于互联网金融系统本身的部门成本,存在极大的负外部性,随着互联网金融的参与人数越来越多,资金规模越来越大,风险负外部性也会越来越明显①。

四、国际经济风险加大

随着网络空间战略地位的日益提升,互联网经济面临的国际性风险也逐渐加大,国际网络冲突日益增多,我国网络空间面临的安全挑战日益复杂。国家互联网应急中心发布的《2016 年我国互联网网络安全态势综述》称,2016 年来自境外的约 4.8 万个控制服务器控制了我国境内 1499 万余台主机,来自美国的控制服务器数量居首位,其次是中国香港和日本。就所控制我国境内主机数量来看,来自美国、中国台湾和荷兰的控制服务器控制规模分列前三位,分别控制了我国境内约475 万、182 万、153 万台主机。我国工业控制系统也存在安全漏洞、恶意探测等安全隐患。2016 年度 CNCERT 发现来自境外 60 个国家的1610 个 IP 地址对我国联网工控设备进行了指纹探测。2016 年 11 月,黑客组织"影子经纪人"又公布一组曾受美国国家安全局网络攻击与控制的 IP 地址和域名数据,中国是被攻击最多的国家,涉及我国至少9 所高校,12 家能源、航空、电信等重要信息系统部门和 2 个政府部门信息中心。在金融领域,互联网金融的模糊疆界性和相对较低的转移成本,使得各国中央银行对金融市场的单一监管的有效性大为削弱。

① 彭景、卓武扬:《我国互联网金融系统性风险的特征、成因及监管》,《互联网金融》2016 年第 10 期,第 3 页。

基于电子化支付系统的跨国跨地区的各类金融交易数量惊人,某个地区金融网络的故障会影响全球金融网络的正常运行和支付结算,大大提高了金融风险①。

---

① 谢清河:《我国互联网金融发展问题研究》,《经济研究参考》2013 年第 49 期,第29 页。

第二章　互联网经济时代的政府治理机遇

　　互联网革命发端于技术领域,发展于经济领域,如今已经渗透到经济社会的各个角落,潜移默化地改变着每一个人的生活方式,同时也对政府治理方式带来了新的机遇和启示。我国互联网经济发展还处于起步阶段,以网络和信息为基础的生产力呈现出很大的发展潜力和活力但尚不算发达,完全依赖自发有序的市场秩序和社会协调机制并不现实,政府作为市场和社会约束之外的治理力量仍将发挥重要作用。政府可以通过公共财政支出改善互联网经济发展的基础设施,通过创造良好的创新环境为市场创新提供支撑,可以通过各类公共政策措施激励企业创新活力,创新成果向生产力的转化,通过完善规制手段规范互联网经济发展的市场秩序,通过加强消费者保护降低互联网经济风险的负外部性等。反过来,互联网技术和互联网经济市场的发展也为政府转变治理方式、提高治理能力提供了前所未有的机遇。

　　2016 年,国务院印发了《政务信息资源共享管理暂行办法》和《关于加快推进"互联网+政务服务"工作的指导意见》,提出加快推动政务信息系统互联和公共数据共享,充分发挥政务信息资源共享在深化改革、转变智能、创新管理中的重要作用,增强政府公信力,提高行政效率,提升服务水平,打破信息孤岛。国务院也通过了《"十三五"国家信息化规划》,要求政府部门在推进信息化上作出表率,政务信息公开、共享工作逐步走向规范化、制度化。从各级政府实践来看,第 39 次《中国互联网络发展状况统计报告》显示,截至 2016 年 12 月,我国包括支付宝、微信城市服务、政府微信公众号、网站、微博、手机端应用等在内的在线政务服务用户规模达到 2.39 亿,占总体网民的 32.7%。互联网政务服务各平台在提高便民指数的同时,平台之间互联互通程度提高,服务内容日趋细化,大幅提升了政务服务智慧化水平,用户生活幸福感和满意度都得到明显提高,互联网政务信息公开向移动、即时、透明的方向发展。

第一节　提高政府治理能力

一、增强政府信息能力

按照控制论观点,信息、物质与能量共同组成了世界的三大基本资源,那么国家治理中自然包括对社会信息资源的权威性汇集和分配。按照信息系统的一般框架,国家对信息资源配置包含了信息资源的输入、处理和输出三个基本环节。信息输入是指国家从社会和自然系统收集信息资源的能力,同时也代表其他系统对国家系统的信息刺激或影响;处理是更技术化的环节,随着大数据、云计算等新技术的应用,国家对信息处理的能力日趋增强;输出是国家对信息进行分配的能力。国家信息能力包括六种基本的信息能力,即决策分析、行政沟通、政治传播、信息服务、社会参与和自然与社会监测六种能力,分别对应电子决策、电子行政、电子动员、电子服务、电子参与和电子监测六种治理模式。①

---

① 黄璜:《互联网+、国家治理与公共政策》,《电子政务》2015 年第 7 期,第 54 页。

（一）政府信息输入能力

政府的发展战略和公共决策对整个国民经济的发展有着重要的影响，而公共决策科学性和有效性的基础是信息的完备、准确、及时[1]。政府通过信息收集，可以全面、及时、准确地掌握社会发展的真实情况以及民众需求，把握可以利用的资源禀赋现状，发现和预见经济社会发展中存在或可能出现的问题，制订相应计划或采取相应对策，保证整个国民经济持续健康发展。政府信息输入能力在信息社会得以显著提升。

"信息社会"这一概念最早是由弗里茨·马赫卢普（Fritz Machlup）于 20 世纪 50 年代提出的，他和马克·波拉特分别是从信息活动的经济价值的角度来对信息社会进行界定。丹尼尔·贝尔进而提出，信息和知识是后工业社会的支配力量，处理信息活动成为社会日常工作的基础，很多新的经济部门与新的知识阶层由此产生。尤其是互联网的发明与应用改变了信息生产与传播的模式，信息不再由少数的信息中心生产和发布，信息生产者与消费者之间的界限被打破，公众也不再只是被动的信息接收者，也成为信息的产生者，信息的分布与之前任何一个时代相比都更为对称。同时，互联网打破了政府对社会治理信息的垄断，社会治理知识进入弥散过程。[2] 这意味着政府的信息来源比工业社会极大丰富，信息输入从规模性到及时性都得到极大提升。

（二）政府信息处理能力

在信息输入之后，如果束之高阁则毫无意义，政府必须对数据和信

---

[1]　冷红、易红联、冷云飞：《网络经济对中国政府管理体制的影响》，《发展》2007 年第 1 期，第 91 页。

[2]　邵娜：《互联网时代政府模式变革的逻辑进路》，《海南大学学报（人文社会科学版）》2016 年第 1 期，第 23 页。

息进行有效整理、归类、提取、分析、处理、应用,才能对公共决策和公共治理起到参考作用。网络时代与以往时代相比,信息使用者处理信息和根据信息进行反馈的能力普遍增强①。越来越多的新型技术和工具可以用于政府信息处理,同时政府也可以借助更多外力来提高信息处理能力,例如很多大数据和云计算互联网企业本身信息来源丰富、技术能力强大,阿里云、百度云等龙头型互联网企业都开始与各级政府进行深度合作,形成了具有网络时代特色的公私合作伙伴关系。

(三)政府信息输出能力

政府信息输出能力核心内容是信息公开化和透明化。作为我国第一部"将政府置于阳光之下"的法规,2008 年《中华人民共和国政府信息公开条例》颁布并施行,被视为满足人民知情权的重大突破。但在实际操作中仍然存在信息披露不完全、基层反应不积极等问题,主要原因在于行政机关和政府官员治理理念的保守,传统的科层文化拒绝数据公开的民主要求(周汉华,2009)。

互联网大大提高了政府工作透明度,一方面源于信息时代民众对政府信息公开的更高诉求倒逼政府改革,另一方面源自政府与民众之间的信息不对称被互联网和大数据等新技术解决,政府的法规、政策、项目、计划等信息更容易被民众了解和掌握,民众的意见建议也以类似众包的方式在政府决策制定和施政过程中得以更好的体现。不仅有利于政府真正成为人民的政府,也有利于把一些不和谐因素遏制在萌芽状态。

2015 年,国务院印发《促进大数据发展行动纲要》,明确提出在"2018 年建成国家政府数据统一开放门户"。地方政府在实践层面给予了积极响应,例如上海、北京、武汉、佛山等地陆续推出开放数据平台

---

① 韩明华:《网络经济环境下的政府规制创新》,《宁波大学学报(人文科学版)》2007 年第 4 期,第 90 页。

网站；广州、沈阳、成都等城市相继成立"大数据管理局"，专门负责政务数据的开放、开发；另外，贵阳、北京等地陆续成立大数据交易平台，以推动政务数据的开放与再利用。①

二、提高行政管理效率

网络技术的发展，为提高政府管理效率，转变政府职能提供了广阔的前景。互联网的出现大大提高了行政效率，以前的文山会海，不仅造成了纸张资源的大量浪费，而且层层下达的时滞效应过强。电子政务的出现让政府信息发布和传递变得更加及时、更加透明、更加便捷，提高了政府服务向公众的传递速度，政府与企业、公众联系更加紧密，行政管理成本更低②。

在政府内部，可以利用计算机和其他各种先进的硬件设备和软件服务实现办公自动化和无纸化。现代化的电子办公系统并非简单地将传统政府工作"搬迁"到网上，而是将政府的行政流程进行科学化的重新编排，信息技术和组织流程再设计的结合减少了官僚机构的繁文缛节，把原有流程进行清理、合并和优化，业务流程由串联模式变为并联模式，不同业务操作可以同时间、多窗口开展。不同层级的政府部门很容易在网上进行信息交换和信息共享，不需像以前靠纸质文档层层上报、层层下达，很多问题在比较低的政府层级就可以得到解决，大大降低了制度交易成本，政府行政效率得以提升。此外，跨部门协同合作也更加容易，互联网的应用有利于打破原有部门间的职能分割，从政府内部实现信息共享、职能互补、联合治理。

---

① 贯开：《从"开源软件"到"开放政府"互联网影响下的政府治理变革》，《经济社会体制比较》2016 年第 2 期，第 104 页。

② 徐国平：《关于网络经济特征的思考》，《价格月刊》2007 年第 10 期，第 89 页。

对公共服务而言,互联网的应用改变了公共服务的提供方式,增加了社会治理体系的开放性,有利于形成以公众为中心、服务为导向的社会治理方式。不仅公共服务的范围和种类不断拓展,政府与市场主体的互动性也不断增强。在电子政务环境下,政府工作人员可以突破时间、空间的限制在网上和公众交流,也可以利用网络的互动性为公众、企业与社会组织提供教育培训、就业服务、医疗服务多种在线服务,提高了公共服务的数量和质量。

三、增强经济活动预见性

经济预测是政府通过搜集各种数据,对经济现象进行综合分析,从而对经济发展前景进行合理规划的过程。对经济的指导是政府的基本职能之一,而政府的经济指导方针和措施正确与否,对整个国民经济的发展有着至关重要的影响。过去政府决策"拍脑袋"现象比较突出,一些经济发展计划的制订过程很"任性",凭主观意志靠经验办事,很大程度上是受制于信息不对称,对真实情况和真实需求的信息掌握不够完全,信息处理能力的缺陷又增大了科学预测的难度。在网络经济加快发展的趋势下,海量数据的资源为科学决策创造了良好的条件,政府可以充分利用计算机网络信息系统,通过实时的数据收集、分析挖掘,科学预测经济发展趋势,及时全面地掌握各类信息[1],有效提高政府对经济活动的预见水平和经济决策的科学性。

四、提高市场和社会需求回应能力

现代化政府治理能力的判别标准包含政务实施的有效性,有效回

---

[1] 陈蓉蓉:《网络经济对我国政府职能转变的影响及意义探析》,《对外经贸》2013年第8期,137页。

应社会的需求和期望,是现代国家治理的重要内容。政府治理的首要目标是满足社会和公众的需求,因此,政府不能仅依赖于少数意见领袖的信息反馈,必须扩大公众意见收集渠道,这就需要在政策发布和实施后形成快速有效的反馈机制。互联网与政府公共治理相结合,可以更好地实现公共意见反馈与收集机制。① 而公共政策是政府回应社会需求的重要载体,要有效回应人们的需求和关切,前提是全面掌握人们诉求的相关信息。

互联网的发展为政府与社会多元主体之间的互动提供了全新的媒介和平台,也为政府回应需求能力的增强提供了难得的机遇。互联网改变了社会交往关系,为政府与社会之间的对话和沟通搭建了新的桥梁,逐渐成为公众参与公共事务、政府提供公共服务的重要手段。互联网作为现代社会公共舆论的聚集平台,减少了民意聚合的组织和制度成本,减少了政府回应的诸多环节,促进决策结构由传统的垂直式向交互式发展,其强大的舆论机制能够倒逼政府转变执政作风、提高回应能力、完善政府回应机制。②

第二节　促进政府职能转变

一、职能定位由管理转向服务

尽管我国提出建设服务型政府的目标已经为时不短,但公共服务

---

①　石飞:《"互联网+"推动政府公共治理升级》,《人民论坛》2016 年第 12 期(上),第 48 页。

②　陈新:《互联网时代政府回应能力建设研究——基于现代国家治理的视角》,《中国行政管理》2015 年第 12 期,第 61 页。

仍然相对落后,从政府治理理念到治理模式还是延续了"管理"的思路,"服务"意识和手段都相对缺失。随着互联网经济的快速发展,政府职能必须从过去的管理型向服务型转变。服务型政府的建设一是增强政府公共服务意识,二是要提升政府公共服务能力。2016年9月29日,国务院印发《关于加快推进"互联网+政务服务"工作的指导意见》,指出要加快推进"互联网+政务服务"工作,切实提高政务服务质量与实效。

从政府公共服务意识的提升来看,首先政府必须重新审视自身的职能定位。互联网的长尾效应除了在经济发展中体现出广大中小市场主体作用越来越强,在公共事务领域也意味着越来越多的民众有意愿、有诉求进行参与,信息的透明化、公开化、反垄断化进一步强化了民众对政府公共服务的监督能力,政府如果仍然停留在对社会进行管理的定位,将很难适应新时代的公共需求。政府应尽快迎合互联网快速发展的需要,将其作为政府职能转变的重要推手,努力为互联网经济的发展提供更加优质、高效、便捷的服务,同时实现政府职能特别是服务型政府的重构。①

从政府公共服务能力建设来看,近年来政府简政放权改革中已经涉及大量关于过程精简、审批简化、效率提升的内容,这也是服务型政府改革建设的必然要求。互联网技术明显能够进一步推动简政放权改革的效率,提升政府公共服务能力。例如,在互联网技术的支持下公共信息和市场信息将更加透明化,互联网技术将大大提高政府的组织整合、资源整合、信息整合能力。

---

① 崔巍:《网络经济对于政府职能的影响与对策探究》,《管理观察》2015年第21期,第54页。

二、经济管理由微观转向宏观

我国政府经济管理从职能上看分为四大类,即配置、分配、调节、稳定,这四大职能均指向宏观。但在实际操作中,政府经济管理又体现出很强的微观性,在行使经济职能时,经常以计划和行政手段对微观市场进行干涉和管理,阻碍了市场主体的积极性和主动性,市场机制本身难以充分有效发挥作用,微观干预导致阻碍市场经济发展的案例屡见不鲜。互联网经济是一种创新经济,一方面,其自身发展需要政府从微观管理向宏观管理转变,将政府职能切实转变到经济调节、社会管理、公共服务上来,明确政府职责,科学制定我国发展互联网经济的战略、目标、规划和实施措施,同时保持有关政策、法规、标准的一致性和连续性,而不是过多干预或参与微观经济行为,以免影响有序的竞争市场的形成。① 另一方面,互联网经济的发展也可以有效促进政府经济管理从微观到宏观的转变。

互联网为政府经济管理提供更大规模、更加及时的信息来源,大大提高政府对经济发展实际情况的监控能力、对经济发展形势的预判能力、对市场主体需求的回应能力、对经济风险的预警能力和防范能力,从而真正提升政府的宏观经济调控水平。各类网络平台的存在使政府管理对处理和传递信息的中间管理层级依赖程度明显降低,不仅有利于消除官僚型组织结构的庞杂性弊端,也有利于政府利用网络资源及时掌握市场信息与动态,制定出正确的政策法规、方案议案等,促进了政府职能的行使方式由微观管理向宏观调控转变。

① 韩明华:《网络经济环境下的政府规制创新》,《宁波大学学报(人文科学版)》2007 年第 4 期,第 90 页。

第三节　倒逼政府组织结构变革

云计算、大数据、物联网等信息社会的新兴技术大大消除了组织创新的障碍，为形成新的市场组织生态和组织分工提供了崭新的技术手段与实现工具。随着互联网经济的快速发展和企业组织的全新演化，对政府组织结构变革将产生巨大的推动作用，倒逼政府改变过去陡峭的"金字塔"结构，促使政府职能朝着扁平化的方向发展。

一、组织结构扁平化

虽然互联网时代信息源的去中心化现象越来越明显，但政府部门仍然是信息最大的拥有者和使用者，要保证宏观调控能力必须具备对信息的快速收集和快速响应能力，而这必然导致决策的分散化和层级的扁平化。我国政府不算村级自治组织还包括中央、省、市、县、乡五级，层级过多必然导致信息传递和信息回馈的时滞。互联网技术使多节点同时接入的信息收集和传递成为可能，不需要层层递进，换言之，中央政府的政策文件和决策部署可以第一时间传递到每一个基层政府部门甚至每一个民众，原有的多层次集中管理式组织结构存在的必要性大大降低，需要逐步地向网络化、扁平式、科学化的非集中管理转变，减少管理层次、缩短管理链条有利于政府决策具有快速的优势，可以对变化的事件作出迅速的响应。[①]

---

① 黎友焕：《网络经济对我国现行经济的影响及对策探讨》，《广东社会科学》2004年第3期，第41页。

二、突破部门协作壁垒

"九龙治水"现象是我国公共管理的宿疾,而其基础是生产分工精细化带来的管理分工精细化要求。工业时代泰勒式的管理理念对政府体制结构的影响依然存在,管理专业化与协调治理的需求成为组织机构改革必须面临的一对矛盾。而互联网经济时代越来越多的公共服务可以建立在跨部门和跨机构的基础上,部门之间的数据共享与合作成为时代发展的必然要求和必然趋势。网络技术的应用使部门之间的横向联系更加容易,不同职能部门之间的沟通成本大大减小,共享数据库的建立也使部门之间的信息共享得以实现,知识和信息的爆炸使管理专业化的要求相对降低,政府治理对纵向机构的依赖程度也有所下降,为打破官僚制组织内部的分工与分层固化提供了技术层面的支持。部门间的边界将出现模糊化的倾向,有利于推动部门间的协作治理网络关系的建立,从而提高政府的灵活性与协调性。

三、公共治理重心下移

增强基层政府职能和公共治理重心下移是互联网给政府治理带来的一大机遇。地方政府的存在有充分的经济学理由,比如最接近基层需求的信息优势,从而更容易提供满足民众真正需求的公共服务。进入网络时代,在政府内部,对上对下的信息渠道会更加畅通,对外部,政府更容易了解民众和企业的需求,也更容易精准地提供定制化、个性化的服务,而非所有公共服务和公共产品都无差异化提供。在网络经济条件下,只有遵循"权力下放原则",政府才能集中精力发挥好其指导的功能,分散化的公共权力既能增强政府的管理能力,又能保证微观经济效率①。

第四节　培育多元主体自我治理

一、提高治理主体多元化程度

在"中心—边缘结构"之中,政府与社会的关系是一种治理者与被治理者的关系。公众在社会治理中处于从属地位,而政府是公共治理的核心主体甚至是唯一主体。互联网时代的到来使权力分散和分享成为现实,互联网治理是社会—政治秩序重新建构的一部分,核心在于责任基础上的社会各方对公权力与公民权利的再配置,这个过程充斥着公权力、公民权利与责任之间的博弈与震荡,更离不开公众参与②。信息不对称性降低、信息垄断被打破,公共信息逐渐实现多向流动和透明公开,政府处于公众的全景化监督之中,微信、微博、QQ 等新型社交媒体也为公共参与提供了更加畅通、更加便捷的途径,打破了公共参与的时空限制和渠道限制。市场主体参与社会治理的积极性明显增加,对政府信息公开和程序公开的要求越来越高,主体意识在微观层面茁壮成长,政府不再是治理的唯一主体,不得不成为多元治理主体中的一个组成部分,这种主体的多元化同时伴随着权力的分散化,政府所掌握的公共权力开始向市场主体和其他各类组织让渡。同时,政府也不再是

---

① 冷红、易红联、冷云飞:《网络经济对中国政府管理体制的影响》,《发展》2007 年第 1 期,第 91 页。

② 褚松燕:《中国互联网治理:秩序、责任与公众参与》,《探索与争鸣》2015 年第 1期,第 36 页。

公共产品和公共服务的唯一提供者,市场主体可以通过 PPP(Public—Private—Partnership,公私合营伙伴关系)等形式参与公共服务的提供,公民和企业家也更加积极地以志愿者或捐赠者身份参与公共事务的治理,公共治理的主体结构逐渐从过去的单一化治理结构向多元化共治方向发展。

二、市场自我治理能力增强

受益于信息技术的发展,互联网企业等市场主体在公共治理中发挥着越来越重要和积极的作用。互联网企业和政府相关部门之间形成了高频度、高互动的紧密关系,越来越多的公共治理问题有赖于双方更紧密的协作。除了提供互联网相关产品与服务外,互联网企业也开始承担网络空间的基础建设保障、网民的服务与管理、基于技术代码的各种隐含规则与制度的制定等职能。[1] 庞大信息来源以及在此基础上建立的数据库可以支持互联网企业建立对市场的信息监测体系,甚至基于对市场信息的处理和应用,可以分析和还原出一些社会问题和治理问题的本源,而类似信息主要掌握在政府手中。一些龙头型互联网企业可以利用其在技术和平台上的优势对其加盟商进行准入要求,某种程度上代替了准入类经济规制政策,或者可以主导行业规则和行业标准,建立对特定产品和服务的监控体系,当互联网经济的自组织模式在某些方面比政府更擅长于治理市场,政府应当与这些平台建立一种"合作规制"的关系,把政府对市场的直接规制转变为对市场组织自我规制的再规制,充分发挥市场和政府各自的新优势。[2]

---

[1]　方兴东:《中国互联网治理模式的演进与创新——兼论"九龙治水"模式作为互联网治理制度的重要意义》,《学术前沿》2016 年第 3 期(下),第 56 页。

[2]　黄璜:《互联网+、国家治理与公共政策》,《电子政务》2015 年第 7 期,第 54 页。

第三章 互联网经济时代的政府治理挑战

互联网经济发展在为政府治理带来技术工具和变革动力的同时，也带来了前所未有的挑战。政府从治理理念、治理体制、治理制度到治理能力都亟待变革，以适应互联网经济发展的全新要求。

第一节 治理理念挑战

如果互联网仅仅是一种技术工具，组织可以通过吸纳或重塑的方式将其整合到现存的体系，维持甚至加强既有模式的稳定性。而文化理念的开放性，使互联网摆脱了传统体制的束缚，反过来对现有的政府治理模式产生了冲击。互联网改变了传统社会的权力关系。

一、改变社会权力关系

罗伯特·达尔将权力定义为"影响力"，即以某种方式来影响决定内容的决策过程。互联网改变了整个社会权力结构。传统社会结构呈明显的金字塔型，政府依靠科层体制可以实现对社会的有效控制。到了互联网时代，社会的权力结构发生了显著变化，不同群体参与公共治理和整治过程的意愿、程度、方式都正在经历重大变化。互联网使社会结构出现"蜂群效应",社会的权威——权力关系面临更多的不确定性,社会的运行不再像以往那样高度依赖计划和控制,而是体现出一定的自组织性。

社会权力结构开始向两极化发展。一方面是权力的集中化,这种权力并不一定是行政权力,更多来自社会影响力。例如新的社会影响力群体的兴起,不管是在微博还是微信中,我们会发现,有一大群人的粉丝数量是巨大的,一个娱乐明星的微博粉丝就可能达到几千万,全国千万级粉丝的博主有一百多人,一百万以上粉丝的意见领袖有两千多人,十万以上的数不胜数,这些意见领袖对整个社会的影响力变得非常巨大,甚至可以左右政府决策和司法案件的审判。另一方面,底层民众开始崛起。在代议制民主社会,不同利益集团的影响力与其成员人数往往成反比关系,少数人掌握的强势利益集团可以用游说、政治献金等方式增强其影响力,而草根阶层严重缺乏影响政治过程和公共决策的经济和政治资源,因而处于相对弱势的地位。而互联网放大了草根阶层这一"政治长尾"的作用,包括底层群体在内的所有民众参与公共事务的可能性和渠道都远超传统社会。底层民众崛起的一个典型例子是网络对群体性事件的影响。网络所蕴含的巨大力量是中性的,任何人都可以利用。利用它做好事,会带来前所未有的社会正效应,但是如果被坏的势力利用,造成的破坏也将是前所未有。传统的群体性事件大多具有熟人社会的特征,牵头人往往在群体中具有一定威望,而现在越来越多的群体性事件是通过网络发起的,并可以在短时间内迅速发酵,而我们的政府在应对机制和舆情引导方面显然准备不足。

二、思想和意识形态多元化

网络的意识形态和社会思潮更加多元化和复杂化。互联网能够改变社会组织的构建与运行方式,一个原因是改变了传统的组织内信息传播与信息处理方式,改变了知识生产与分享的方式,因而改变了知识权力结构。① 当信息来源增多之后,传统的组织对整个社会意识形态形成的作用已经在逐步弱化,而网络的影响逐渐凸显。尤其是不同的国家之间意识形态领域的互相渗透从来没有停止过,互联网成为境外势力对我国进行渗透的一个非常重要的阵地。从社会的思潮来看,除了传统的左右之分在网络时代变得愈发壁垒鲜明,特别需要警惕的是民粹主义的兴起。例如 2012 年哈尔滨医科大学附属医院发生的青年砍死医生的命案,在网络上的投票结果显示有 65% 的网友对凶手这样的一种选择表示认同。2013 年的夏俊峰案中绝大部分的网民也是站在夏俊峰而非被杀死的城管一面。这种民粹主义的思潮在互联网上变得异常流行,尤其是在我国网民群体呈现年轻化、低学历化的今天,如何进行舆论引导成为摆在政府面前的巨大挑战。

而网民身份的隐蔽性对于传统治理模式提出挑战。互联网领域有一句名言"在互联网的世界里没有人知道你是一条狗",网络信息的隐蔽性一方面让大家对政治和社会事务的关注度和参与度迅速提高,另一方面也对我国的政治秩序构成了前所未有的冲击,尤其是如何保证政治参与的有序性成为艰难的课题。

政府面临着全民围观、全民监督。网络对执政透明度的大幅提高也同时提高了民众对政府行为的关注度,网络时代对政府的执政行为和官员的个人行为都提出了高度挑战。近期诸多官员腐败、施政行为不当事件都最先被网友爆料,引起社会广泛的关注,对事件处理结果产生重要的影响。

---

① 白锐:《略论互联网与国家治理逻辑的再建构》,《社会科学战线》2016 年第 9 期,第 178 页。

三、治理模式由刚至柔

网络时代的政府与公民的关系不再是民求官办事的旧有范式,公民主体意识和维权意识的提高倒逼政府必须转变公共治理模式。过去政府治理主要靠命令控制型与事前审批等传统的规制手段,对于信息公开、公共参与、协商治理、激励性规制等柔性的治理手段比较陌生。习惯于以维持社会稳定等理由控制对社会的信息开放,而不善于及时公开信息来获得社会的理解和信任;习惯于采取直接干预市场和社会发展,而不善于利用民间组织如行业协会的力量进行间接干预①;习惯于政府家长式包揽公共事务,而不善于引导市场主体、专家、非政府组织和民众共同参与治理;习惯于采取"运动式治理"模式,而不善于通过制度和体制变革来根除弊端。如何通过互联网实现共享、共治、共赢的政府治理新模式,真正提高国家现代化治理水平,让广大人民群众更有参与感、成就感和幸福感,成为摆在政府面前的一大课题。

第二节　治理体制挑战

现行的官僚科层制是工业社会的产物,在横向上将权力按管理专业化要求进行细分,在纵向上通过层级安排来实现信息的传递和对社会的控制。而互联网时代经济和社会的复杂性进一步增加,传统科层治理体制显得僵化、分割、时滞、单一,传统政府监管的地域分割性与网

---

① 李洪雷:《论互联网的规制体制——在政府规制与自我规制之间》,《环球法律评论》2014 年第 1 期,第 118 页。

络经济跨地域性相悖,行业分割性与互联网经济跨界融合性相悖①,明显不适应高度复杂性与高度不确定性的公共治理环境。

一、"九龙治水"与综合治理的矛盾

互联网经济的健康持续发展不仅需要健全的市场机制,同时还依赖于政府提供的健康、有序的网络秩序环境。互联网经济与现实经济虽紧密相连,却性质有异,网络经济环境里诸多监管职责的内容、性质或行使方式都发生了变化。互联网经济普遍具有跨地域、跨行业等特点,行业边界越来越模糊,混业经营的企业比比皆是,而目前"九龙治水"的部门管理体制明显不适应需求。

我国现行互联网治理体制以政府部门为主,是典型的多头监管体系,其中网络管理由国家工商总局、商务部、工业和信息化部、中国人民银行、银监会、财政部、税务总局、食品药品监督管理局、公安部、海关总署、文化部、新闻出版广电总局等政府机构负责。对于网络经济违法活动的监管,国务院"三定方案"规定网络经济业务的管理为各个政府部门在传统监管职能基础上的延伸。

国家工商总局是国务院授权负责网络商品交易行为市场管理的主要机构,商务部负责拟订国内外贸易和国际经济合作领域电子商务相关标准、规则,组织和参与电子商务规则和标准的对外谈判、磋商和交流,推动电子商务的运用等。其他部门负责网络商品交易相关活动的监督与管理,如工业和信息化部负责其规制的重点是互联网的网络运营、接入及安全问题;公安部负责查处各种破坏网络安全和扰乱社会秩

---

① 张效羽:《通过政府监管改革为互联网经济拓展空间——以网络约租车监管为例》,《行政管理改革》2016年第2期,第39页。

序的违法犯罪行为;新闻出版广电总局负责对互联网出版、数字出版活动进行监管,组织查处互联网出版的违法违规行为等;中国人民银行主要对电子商务交易支付进行监管。

表面上看各部门分工明确、职能清晰,但由于互联网经济所涉业务的复杂性和融合性,实施中各部门存在比较普遍的管辖权冲突或监管漏洞,监管边界并不清晰。如文化部负责文化产品的管理,国家版权局负责互联网出版业务的管理,广电总局负责互联网传播视听节目的管理,实际上很多互联网文化类企业同时涉及以上这些方面的产品和服务,不得不面临监管重叠。有时一些政策文件由多个部门联合印发,表面上看体现了重视程度,却可能恰恰暴露了没有部门能够真正负责,相关市场主体在实施过程中遇到问题也往往遭到各个部门推诿扯皮,难以真正解决问题。不同政府部门各自建立自己的数据库,构建的多为异构数据库系统平台,难以无缝连接和实时共享,既增加了监管的信息获取成本和执法成本,又难以建立协调联动机制和发挥监管整合优势。也有一些行业因缺乏明确的法律依据,长期游离在合法与非法的边缘,甚至随时有被取缔的风险,行业无法持续稳定发展。

二、行业组织发育不全

由于《社团登记管理条例》等对设立社团条件的严格限制,我国行业组织的发展存在较大障碍,不利于建立多层次、多元化的互联网经济治理体系。很多已经设立的社团在其民主性和代表性等方面也存在严重的缺陷,难以有效发挥对政府治理的补充作用。互联网领域的行业组织更是寥寥无几、作用有限。目前中国互联网领域的行业组织比较有影响力的主要是中国互联网协会和中国电子商务协会等。中国互联网协会的成立是对以政府为主的互联网治理体制的有效补充。协会发布了《中国互联网行业自律公约》,在总则中明确规定了自我管理、自我约束、互相监督、共同发展的行业自律机制。但在地方层面,互联网相关行业协会数量非常有限,除了互联网协会、电子商务协会的地方性机构之外屈指可数。行业组织的充分发育和规范发展能够有效配合政府为互联网经济发展创造更加和谐有序的环境。急需修改相关法律规定,为包括与网络相关的行业组织在内的社会组织发展松绑,促进行业协会发展。

三、企业参与治理缺乏规制

2015 年 5 月 1 日,一篇《一个死在百度和部队医院之手的年轻人》的文章刷爆微信朋友圈。西安电子科技大学学生魏则西两年前体检出滑膜肉瘤晚期,通过百度搜索找到武警北京总队第二医院。在花费将近 20 万元的医药费后,魏则西仍不治身亡。"魏则西事件"使百度公司的"竞价排名"机制成为社会热议话题,也引发了一场关于网络平台的监管责任的全民大讨论。相对于公共权力实施的法律治理,互联网企业参与网络治理具有较强的灵活性、广泛性和时效性,但也引发了一系列负面效应。包括为提升点击率和知名度来增加广告收入,直接或变相传播色情信息,盲目炒作社会热点问题,侵犯他人隐私权或名誉权,侵犯知识产权,虚假宣传,制造远超现实地位的搜索结果排名,有偿清理负面信息等。当然,也有"过度治理"的行为,如采取的关键词过滤系统屏蔽敏感信息,在接到网民举报侵权信息的情况下不经核实直接删除信息等。这些乱象说明互联网企业、网民与政府之间缺乏合理的信息沟通、需求传递与监督制衡机制。政府在鼓励互联网企业参与网络治理的同时对其行为缺乏有效的外部规制,互联网企业在参与网络治理时难以摆脱"经济人"追求自利而牺牲公共利益的缺陷,也难以抵制政府的某些不合理要求,网民与互联网企业和政府相比仍属于信息弱势方,而且彼此之间缺乏联合与互助机制,导致难以对互联网企业和政府形成有效制约①。

第三节　治理制度挑战

简·芳汀(Jane E.Fouritain)认为:"信息技术之所以不同于其他技术,在于它能够控制在所有工作中使用的符号。它存在一种潜质,可以影响组织内或跨组织的协调、生产和决策过程。"②信息技术与制度创新之间并不是一种简单的线性决定关系,而是一种复杂的、间接的相互作用关系。互联网技术的发展一方面促进制度和组织的灵活化、扁平化和开放化,另一方面也为治理制度带来前所未有的挑战。

一、法制不完善导致网络经济犯罪猖獗

网络空间作为国家战略空间的重要组成部分,其法制化和法治化是国家治理体系和治理能力现代化的内在要求。但目前互联网经济法制的不健全导致网络经济犯罪十分猖獗。互联网经济犯罪,是指在互联网经济运行过程中,从事互联网业务、应用经济活动或相关活动的互联网设施终端设备生产者、互联网经营者、互联网服务提供者、互联网用户和其他国家机关、企事业单位、社会组织及其工作人员,为谋取非

---

① 赵玉林:《构建我国互联网多元治理模式——匡正互联网服务商参与网络治理的"四大乱象"》,《中国行政管理》2015年第1期,第16页。

② [美]简·芳汀:《构建虚拟政府:信息技术与制度创新》,中国人民大学出版社2010年版,第39页。

法的经济利益,违反国家互联网经济法律法规关于禁止危害互联网经济秩序的规定和不履行维护互联网经济秩序的义务,严重破坏互联网经济秩序,触犯刑律,应当受到刑罚处罚的行为。① 传统经济管理中的各种违法行为在网络环境中几乎都有表现,甚至变本加厉,如虚假广告、虚假宣传、假冒伪劣、窃取商业秘密、隐私信息泄露、不正当竞争、无照经营、网络传销和变相传销等,体现出高发性、快速性、跨界性、智能性、隐蔽性、扩散性等特点。

幸而,互联网治理的法律环境正在不断发展和完善之中。《国家安全法》明确提出国家建设网络与信息安全保障体系。《刑法修正案(九)》加大了网络犯罪的打击力度。《反恐怖主义法》规定了网络服务提供者在反恐中应承担的义务②。2010 年 7 月工商总局出台了《网络商品交易及有关服务行为管理暂行办法》,该办法有利于规范网络商品交易、保证消费者利益、提高网络商品经营者和网络服务经营者的整体素质和市场竞争力,这是我国第一部规范网络商品交易及有关服务行为的行政规章。2016 年 7 月,国家工商总局出台《互联网广告管理暂行办法》,自 2016 年 9 月 1 日起施行,标志着我国互联网广告尤其是搜索引擎广告长期缺乏监管的状态结束,"竞价排名"等营利行为将按广告行为接受监管。2016 年 8 月,中国银监会、工业和信息化部、公安部、国家互联网信息办公室联合发布《网络借贷信息中介机构业务活动管理暂行办法》,P2P 网贷行业首部业务规范政策正式面世;2016 年 1 月至 10 月,全国公安机关共打掉电信网络诈骗团伙 6822 个,查处违

---

① 刘丹、刘晔:《互联网时代的经济犯罪研究》,《经济研究导刊》2016 年第 29 期,第191 页。

② 刘艳红:《互联网治理的形式法治与实质法治——基于场所、产品、媒介的网络空间三维度的展开》,《理论视野》2016 年第 9 期,第 41 页。

法犯罪人员 4.7 万名,收缴赃款赃物价值人民币 23.8 亿元,为群众紧急止付挽损 48.7 亿元。2016 年 9 月,为有效防范、精准打击电信网络诈骗犯罪,最高人民法院、最高人民检察院、公安部、工业和信息化部、中国人民银行、中国银行业监督管理委员会六部门联合发布《防范和打击电信网络诈骗犯罪的通告》,12 月 20 日,最高法、最高检、公安部联合发布《关于办理电信网络诈骗等刑事案件适用法律若干问题的意见》,用法治方式全面从严惩治电信网络诈骗。网络直播的迅猛发展及其带来的问题引发社会关注,2016 年 9 月新闻出版广电总局下发《关于加强网络视听节目直播服务管理有关问题的通知》,2016 年 11 月国家网信办颁布《互联网直播服务管理规定》,规范行业健康发展。2016 年 11 月 7 日第十二届全国人大常委会第二十四次会议表决通过《网络安全法》,并将于 2017 年 6 月 1 日起施行。该法有 7 章 79 条,对网络空间主权、网络产品和服务提供者的安全义务、网络运营者的安全义务、个人信息保护规则、关键信息基础设施安全保护制度和重要数据跨境传输规则等进行了明确规定,明确了部门、企业、社会组织和个人的权利、义务和责任,规定了国家网络安全工作的基本原则、主要任务和重大指导思想、理念,为政府部门的工作提供了法律依据,建立了国家网络安全的一系列基本制度,是我国网络安全的"基本法";2016 年 12 月 27 日,国家互联网信息办公室发布《国家网络空间安全战略》,进一步阐明了中国关于网络空间发展和安全的重大立场和主张,明确了战略方针和主要任务。

但由于互联网经济属于新兴业态,传统法律规制存在很强的不适应性,因此依然有大量监管真空和模糊地带,监管机构在执法过程中仍存在无法可依或难以确定执法主体的尴尬[①]。例如由于数据产权的归

---

① 李真:《共享经济的勃兴与挑战——经济学和法律视野下的分析》,《当代经济管理》2016 年第 8 期,第 6 页。

属、数据的拥有权与使用权的关系依然不够明确,目前用于规范、界定"数据主权"的相关法律法规缺失,大数据治理法律法规明显滞后,包括对数据保护、数据契约限制、数据跨境流通等①,数据资产评估成为难题,数据开放依然面临相关法律法规的障碍。又如,网上店铺的所有者积累的包括信用累积、顾客资源、点击流量、智力创新资源、网络商品等一系列内容的网络财产,当店铺的所有人因为死亡等原因而使这些资源和财产成为事实上存在的具有价值的遗产,能否被其合法的继承人继承,亦是网络经济发展给法律提出的思考。② 再如,电子商务过程的数字化和网络化打破了传统贸易中的区域和国界的限制,如果虚假网络广告的广告主、发布者、服务器均处于不同的三地,工商部门的执法由于机构的地域分割性存在极大困难。③

另外一大问题是,我国网络专门立法多属部门立法,立法程序主要依据国务院制定的《行政法规制定程序条例》和《规章制定程序条例》,此类由行政部门自行设立立法程序进行行政立法的方式明显不符合现代行政法的控权精神,容易使行政机关制造不当的程序来恶意妨碍行政相对人行政法权益的及时有效地实现。④

二、消费者保护力度不足

在强大利益驱动下,一些互联网企业或个人为获取巨大的经济利

---

① 董立人:《智慧治理:"互联网+"时代政府治理创新研究》,《行政管理改革》2016年第12期,第33页。

② 李红娟、谭毅:《论我国网络经济法律困境出路——以商业伦理重建为视角》,《法制博览》2013年第8期(中),第25页。

③ 许圣荣、林海春:《创新网络经济监管模式研究》,《信息化建设》2010年第11期,第28页。

④ 何跃鹰:《互联网规制研究——基于国家网络空间安全战略》,北京邮电大学2012年博士学位论文,第115页。

润会通过不法手段侵犯消费者的权益,而政府在消费者保护制度的完善方面明显节奏太慢、力度不足,很大程度上制约了互联网经济的健康快速发展。网络市场活动在迅速繁荣的同时,也存在交易身份信息不对称、产品显示信息的欺骗性、消费者合同的问题等诸多侵犯消费者权益行为的出现。由于网络的虚拟性、开放性与交易的非直接面对性,交易双方的真实身份和产品描述的真实性难以确认,使得交易存在很大风险,尤其是消费者由于处于信息弱势方而风险更甚。以电子商务为例,很多消费者发现实际买到的产品外观和网站上的显示大不相同、产品质量出现问题、产品实际功能和描述不符、在承诺的期限内不给予退货,一些网店经营者以次充好、以假充真、以旧充新,夸大商品宣传,欺骗消费者,也有些不给消费者开具正式销售凭证,推卸法律责任。由于大多网上交易属于异地交易,一旦出现质量问题,经常出现生产、经销、维修商相互推诿,不履行售后服务承诺。网络的虚拟性导致一旦发生纠纷很难收集证据,交易的跨区域增加了维权成本和维权难度。这些现象很大程度上反映了市场监管和消费者保护滞后于行业发展。

三、知识产权保护制度不健全

技术发展和经济驱动使信息产品得以更快产生和发展,与传统产品相比,信息产品更容易生产、复制和传播,其分布也更加超越时空限制,网络的普及性使得信息产品的侵权行为更加普遍、分散、流动和难以控制。相对而言,政府加强知识产权和放松管制等刺激政策往往滞后于信息技术带来的数字融合和网络融合的速度。滞后效应既表现为相关法律制定的滞后,也表现为法律实施的滞后,从而使互联网知识产权保护领域存在大块的灰色模糊地带。传输速度、产品提供、服务辐射等方面的进步进一步使网络盗版更加快捷、隐蔽和低成本,导致盗版的内容广泛扩大至书籍、软件、影视、游戏、音乐等领域,且规模更大、危害更严重。以软件侵权为例,在电脑、手机等移动通信设备销售过程中,制造商或者销售商可能将未经授权的软件安装到其销售的产品上,一些软件类网站为获取广告收入大量提供商业软件的免费下载,不少消费者为了贪图便宜而无视知识产权保护的重要性而主要使用非正常渠道提供的免费软件,造成软件非法下载的盛行和泛滥。

从本质上看,信息产品是一种准"公共物品","公地悲剧"的存在使此类产品的盗版、盗用现象比传统物品更加严重,从而影响人们创新的积极性,对商业文明发展和社会技术进步造成明显危害。① 一方面,政策法规对于知识产权的保护存在漏洞,导致模仿的低成本实现,而原始创新很难受到保护,会严重影响互联网企业创新的积极性;另一方面,新业态存在的合法性也得不到及时保障,存在着很大的系统性风险,降低知识产权的约束力和保障性,互联网企业在产权和合法性面临着不稳定性的情况下,很难追求长期投资项目,导致互联网产业创新的短期效应。② 完善知识产权保护制度应尽量遵循合理使用原则,平衡权利人利益与公众利益,以及著作权垄断与信息分享之间的关系。网络条件下双方利益的平衡更应从整体利益出发,两者可以协调而非相互对立、不可共存。③

---

① 狄文球:《网络经济下经济增长模式分析》,《现代商贸工业》2012 年第 9 期,第 6 页。

② 罗文:《互联网产业创新系统及其效率评价研究》,北京交通大学 2014 年博士学位论文,第 88 页。

③ 马艺方、李本乾:《互联网时代版权产业的"专有—共享"立体平衡治理机制研究》,《现代管理科学》2013 年第 9 期,第 62 页。

四、税收制度不健全

互联网经济发展初期的税收制度面临着两难抉择：一方面，以增值税为主的现行税制抬升了企业税收成本，压抑了中国互联网经济发展对重构增长动力作用的发挥。① 另一方面，把网络经济剔除在税收范围之外可能破坏整个经济的公平性。

"互联网+"所带来的各种新兴业态以及纳税人经营模式的改变，对现行的税制体系和征管制度形成了较大冲击。新兴业态融合了诸多行业的特点，内涵和外延界定较难，增加了适用税收政策的不确定性。征管方面，网络经济时空限制的消失，虚拟公司、虚拟店铺大量出现，使纳税地点的流动性、随意性增大，税务部门很难确定贸易的供应地和消费地，无法正确实施税收管辖权。越来越多的交易活动向淘宝、京东等网络平台集中，实际消费地的税源通过网络转移到平台所在地，需要更合理地分配收入归属和征管权限；在更多实体经济"触网"、交易方式全流程实现电子化的背景下，依靠发票、账簿等物理存在进行税收征管的方式难以做到实时有效监管。网络经济的出现还导致了纳税环节的减少，我国现行以间接税为主的税收制度如何适应交易环节少、交易主体多的新形势成为巨大的挑战。很多人呼吁中国也应该像美国一样对互联网企业免税，但事实是美国税收制度以直接税为主，而我国以间接税为主，流转环节免税对美国税源影响较小，因为对终端消费者的消费税并不随之消失，但免税对我国税源影响巨大。另外，计算机网上信息加密技术的发展使得税收部门很难掌握企业真实经营数据，账簿凭证发票等材料的无纸化和数字化增加了被修改而不留任何痕迹的可能

① 张磊、张鹏：《中国互联网经济发展与经济增长动力重构》，《南京社会科学》2016年第12期，第7页。

性,使得税收征管失去了可靠的审计基础,税收征管工作受到技术制约。①

第四节　治理能力挑战

一、打破政府信息垄断

布迪厄的信息资本(Informational Capital)理论认为,政府不仅控制了物理暴力,同时还控制、利用、传播文化与符号,也就是更一般意义上的"信息"。传统社会的信息是相对单一化的,大家的思维、理念、是非观、价值观都有强烈的趋同性。而互联网时代是信息的时代,信息来源和信息数量爆炸式增长,甚至网络里面的每一个人都变成了新的信息来源,而网络倍增效应又使信息网络急剧扩张,从 2011 年到 2015 年,全球的数字信息增长了 9 倍。在互联网时代这样一个信息爆炸和自媒体的环境,国家对信息的控制和垄断彻底被打破。

信息是互联网产业发展的重要因素,而信息的流动存在着高度的不确定性、不透明性和不可验证性。海量的网络信息加大了互联网经济治理的难度,使其对信息技术的应用要求越来越高。例如网络交易多是在虚拟环境中完成,交易双方并不见面,交易过程也不完全透明,无论对消费者还是监管者而言准确核实经营者的合法身份变得错综复杂。有些网络经营者所提供的信息是未经登记的移动电话号码或模糊

---

① 郑勇、於志东:《从欧美对网络经济的税收政策来探讨我国的网上税收政策》,《经济问题探索》2005 年第 4 期,第 121 页。

的联系地址,更有甚者用假冒证件或购买"壳公司"来进行注册,以致受害者难以举证,网络监管难以奏效。因此,迫切需要建立以电子数据搜索分析技术、电子数据取证鉴定技术和网络经济监管业务应用技术为主的网络经济违法监管网。[①]

二、技术能力相对落后

在互联网运营过程中,网络安全经常受到威胁和攻击,包括盗取机密、商业信息和隐私,伪造网站和电子邮件,更改信息内容,假冒他人身份,不承认交易过程等。据国家互联网应急中心发布的《2016 年我国互联网网络安全态势综述》统计,2016 年国家互联网应急中心通过自主捕获和厂商交换获得移动互联网恶意程序数量 205 万余个,较 2015 年增长 39.0%,近 7 年来持续保持高速增长趋势。按其恶意行为进行分类,前三位分别是流氓行为类、恶意扣费类和资费消耗类,占比分别为 61.1%、18.2% 和 13.6%。发现移动互联网恶意程序下载链接近 67 万条,较 2015 年增长近 1.2 倍,涉及的传播源域名 22 万余个、IP 地址 3 万余个,恶意程序传播次数达 1.24 亿次。

互联网经济活动对我国政府而言是新兴的监管领域,虽然我国政府在积极地研发各种新兴的网络监管、网络安全保障技术,但不得不承认的是,在互联网技术研发与创新方面我国与发达国家有一定差距。在互联网信息系统多平台兼容、多协议适应、多接口满足等方面还存在不足。在互联网应用系统的运行管理和协议管理方面的投入与网络技术安全治理的投入存在较大的差距。网络硬件技术和软件应用系统发展缓慢,我国大部分互联网运行管理机构的中心主机和网络交换机的

---

① 蹇洁:《网络经济违法的监管模式构建》,重庆大学 2012 年博士学位论文,第 31 页。

主要设备来自美国以及其他发达国家的信息技术设备公司,国产曙光、浪潮、华为等公司的主机和交换机产品只在部分中小型企业和县级市有应用市场。在应用系统平台软件方面,我国大部分互联网运行的应用系统平台软件和数据库并未实现国产化,一旦发生突发事件,只能依靠别国的平台软件系统和数据库系统公司的支持,为国家信息安全带来巨大隐患①。从人才结构上看,我国互联网经济治理机构的技术支持部门普遍属于边缘化部门,公务员的普通薪酬水平也很难吸引顶尖的信息技术人才进入这类部门工作,从而使互联网经济管理缺乏有效的技术支撑和人才队伍,不利于互联经济宏观管理职能的履行。

三、信用体系建设滞后

建立信用机制以及信用查询制度对于商业伦理的建设具有至关重要的作用②。我国信用体系建设长期滞后,信用体系与市场经济主体间的关联性往往处于缺失或者有名无实的状态,企业资信状况、个人信用指数及其查询和求证等都比较困难。在互联网经济中表现更为突出,除少数上市企业信息相对透明之外,大部分互联网企业很难查到其信用信息,即使存在也多处于表面化和形式化,权威性和准确性严重不足。由于互联网经济是信息不对称条件下的陌生自然人之间的交易,交易的效率从根本上取决于社会的诚信水平,社会成员之间的信任程度越高,则交易成本越低,交易效率越高。交易平台虽然可以降低交易双方的搜寻成本,但是信用缺失所导致的逆向选择和道德风险问题却

---

① 滕顺祥:《基于互联网的行业综合治理机制与策略研究》,北京交通大学 2010 年博士学位论文,第 127 页。

② 李红娟、谭毅:《论我国网络经济法律困境出路——以商业伦理重建为视角》,《法制博览》2013 年第 8 期(中),第 24 页。

很难直接通过交易平台降低,可见,信用体系的滞后发展已经成为制约中国互联网经济发展的主要障碍。①

信用体系建设滞后的原因之一是信用信息资源分割。完善的覆盖所有企业及个人的信用体系是健全信用体系的关键,征信行业的发展是以信用信息的开放和共享为前提的。我国互联网经济监管部门之间存在着行政壁垒,造成无法实现信用信息资源共享,使信用信息资源处于条块分割的状态,一方面造成了信用信息的浪费,增加了重复信息获取的成本,另一方面也造成部分企业和个人可以利用不同系统间信用信息的割裂和封闭进行违法违规活动。② 缺乏统一、完整的信用信息数据库和网络平台,使信用信息的公开共享难以实现。

信用体系建设滞后的另外一个原因是信用管理法规缺失。欧美发达国家大多颁布了《消费者信用法》之类的信用法律法规,而我国目前还没有类似的法律法规,使得我国现阶段的信用活动不能有效得到规范,网络经营者也就很难形成信用法律意识,导致经营信用秩序混乱。③

四、参与全球互联网治理能力不足

为逃避国家层面的法律监管,越来越多的网络攻击逐步向有组织的跨国经济犯罪转型,网络犯罪正在形成巨大的黑色产业链,互联网的跨国安全问题日趋严重。近几年来,我国配合联合国组织积极参与信

---

① 凌超、张赞:《"分享经济"在中国的发展路径研究——以在线短租为例》,《现代管理科学》2014 年第 10 期,第 36 页。
② 彭冬梅:《我国网络经济下信用体系构建过程中的问题分析》,《中小企业管理与科技(下旬刊)》2012 年第 6 期,第 170 页。
③ 陈俊杰:《政府监管治理视角下我国网络零售行业的信用问题》,《商业经济研究》2017 年第 5 期,第 105 页。

息社会世界峰会和互联网治理论坛,举办世界互联网大会等,积极推动全球互联网治理体系向公平、民主方向的迈进。但我国参与全球互联网治理体系的程度,与我国网民和网络经济的总量相比,还不相匹配、相距甚远。例如我国参与编写的互联网标准仍存在层次较低、普及性不够的问题;参与国际互联网治理组织和会议的人数虽然逐年增多,参与主体也越来越多元化,但与国家经济体量相比还不成比例,而且科研院所的专业技术人员以及国有企业的参与度仍不够高;等等。下一代互联网技术正在启动,我国应更积极参与互联网标准治理体系,形成互联网标准制定治理体系与互联网资源分配体系两者的相互支撑、平衡发展,才能长久立于全球互联网竞争中的不败之地,才能提高我国在全球互联网治理体系中的影响力。①

---

① 黄旭:《我国参与全球互联网治理组织的过程和动力分析——以互联网工程任务组为例》,《湖南科技大学学报(社会科学版)》2016年第5期,第128页。

第四章　互联网经济时代的
政府治理国际经验

　　西方发达国家对互联网经济的治理虽然根据自身特色选择了不同的道路和模式,但也体现出一些共同价值观,例如强调数据和信息的公开共享,打造公开政府;注重底线管理,加强互联网安全规制;强调多主体参与治理,避免政府唱独角戏;发挥公共政策对互联网经济发展的促进作用;等等。

第一节　数据开放共享

　　在互联网经济时代,数据成为社会管理和经济发展的重要资源,数据资源的开放与开发利用普遍受到国外政府的高度重视。数据的开放和共享是双向的,既包括政府掌握的公共信息向社会开放,也包括政府对全社会有价值信息的开放收集和利用。

一、美国开放政府建设

　　美国白宫 2012 年发布的《数字政府报告》指出,数据应当与设备无关,不管用户使用什么样的技术访问政府在线服务,都应当能够方便快捷地获取他们所需的数据。为了提供面向不同数字平台的访问渠道,应当不断开发新的工具、应用、系统、网站等渠道。该报告还非常重视对公众意见的收集,认为"众包"是收集用户服务反馈的很好渠道,可以帮助政府机构了解服务对象是否找到了所需的数据和服务内容,以及这些内容是否能够真正满足用户的需求等。

奥巴马是开放政府的坚定支持者和积极推进者。早在竞选时期的讲话中,他就对布什政府的封闭政策颇有微词,提出要利用互联网打开通向民主之路,建设开放政府并使所有公民都能够参与到国家治理之中。奥巴马上任当天就颁布了两个旨在推动开放政府建设的备忘录,一是《"信息自由法案"备忘录》,二是《透明与开放政府备忘录》。这两份备忘录分别体现了"自由软件"和"开源软件"运动的精神。"自由软件"运动更强调政治意义上的自由,《"信息自由法案"备忘录》恰恰是要求政府机构按照《信息自由法案》的要求,利用互联网技术推动政府信息公开,提高政府透明度;"开源软件"运动更偏重组织模式上的效率与创新,《透明与开放政府备忘录》就包含了更丰富的内容,将"透明、参与、合作"并列为开放政府的三大内涵,把加强民主和提升效率与促进创新作为开放政府建设的目标。2009 年,奥巴马政府颁布的《开放政府指南》进一步把开放政府数据以促进经济创新和治理模式变革作为更加明确的目标。①

美国在利用社交媒体收集民众反馈信息方面也非常积极。住宅与都市发展部(Department of Housing and Urban Development,HUD)建立了一种新的在线服务模式,允许用户对政府机构的绩效和服务

---

① 贾开:《从"开源软件"到"开放政府"互联网影响下的政府治理变革》,《经济社会体制比较》2016 年第 2 期,第 104 页。

效果进行实时反馈,及时收集公众态度等反馈信息,这种高互动性在促进用户使用体验的同时也建立起与用户的有效联系。通过进一步的社交媒体分析和文本分析等技术处理,还能够帮助政府判断网民对不同领域政府工作的情感倾向性,分析识别最有影响力的公民或社会群体,甄别公民最有兴趣参与的政策话题,指导政府的互联网治理举措。①

二、新加坡"风险评估和水平扫描"系统(RAHS)

新加坡政府建设的"风险评估和水平扫描"系统(RAHS)最初目的是应对恐怖主义和传染病。后来其应用范围逐步扩展到了更广阔的民生领域,开始为新加坡政府在住房、教育和食品安全等方面提供信息支持。新加坡公务员在系统改进方面进行了大量工作,通过 RAHS 设置情景和分析大数据,可以提前发现炸弹和窃听,计划政府采购周期和预算,预测宏观经济走势,制定更科学更有针对性的移民政策、研究房地产市场趋势,以及为孩子制订教育计划。通过分析脸谱(Facebook)、推特(Twitter)以及其他新型网络社交媒体上的消息,他们还可以分析定位潜在的"国家情绪"。

第二节　互联网经济安全治理

安全、稳定、有序的互联网环境是互联网经济发展的基础,发达国家普遍将互联网安全规制作为最重要的治理底线,通过完善互联网治

---

① 童楠楠、郭明军、孙东:《西方国家互联网治理的经验与误区》,《电子政务》2016年第 3 期,第 51 页。

理法制体系、增强应对安全风险的技术能力等措施提高互联网安全性。

一、完善互联网治理法制体系

西方国家十分注重完善互联网治理的法制建设,严格依法设立监管机构,其严格依法行使监管权力。完善的法律体系为互联网监管机构的职能分工、监管执法提供法律依据,从立法上保证政府治理依法进行,从而有效避免争权和责任推卸。

美国国会近十余年来通过的直接针对互联网的法案有二十多件,包括《网络安全增强法》《联邦信息安全管理法》《网络安全研究与发展法》《儿童互联网保护法》《数字千年版权法》《反垃圾邮件法》《电子签名法》《互联网免税法》《通讯信息储存法》《反域名抢注消费者保护法》等,涉及网络安全、信息管理、儿童安全防护、电子商务、知识产权保护、网络消费者保护、网络隐私、网络犯罪等互联网治理的主要领域。此外,各专业监管部门和不同的州政府还出台大量的行政法规,有关互联网的司法判例也不断积累,形成了较为完善的互联网治理法律体系。

欧盟也制定了大量重要的互联网治理相关法律法规,包括《网络犯罪公约》《关于建立欧洲网络与信息安全局的条例》《隐私与电子通信指令》《电子签名指令》《电子商务指令》《版权指令》《数据库保护指令》《不公平商业行为指令》《远程合同消费者保护指令》等,并要求成员国通过国内法落实欧盟指令①,为欧洲互联网经济的发展创造了良好的法律环境。

---

① 童楠楠、郭明军、孙东:《西方国家互联网治理的经验与误区》,《电子政务》2016年第3期,第51页。

二、加强互联网技术环境

(一)美国互联网技术环境

良好的互联网技术环境支持是美国互联网技术保持全球领先的重要因素,美国在互联网的域名分配与管理、互联网标准制定、操作系统研发、网络搜索引擎技术等方面居全球领先地位。在互联网应用过程中,由联邦政府和各个州政府出资建设覆盖各个行业和企业的应用领域的应用系统和技术支持环境,实现了系统化和标准化。美国同时在积极研发面向未来的技术,并占领全球标准控制权,如加快 IPv6 即扩展互联网资源的新型传输标准的研发[①]。

(二)德国互联网技术环境

德国是欧洲互联网技术环境和交换能力领先的国家。德国互联网技术环境的建设中,政府的作用不可或缺,这些年不断加大对互联网基础建设和技术研发的投入,其中尤以联邦教育和研究部用于个人计算机软件和互联网技术合作项目的力度最大。另一方面也加强互联网技术法律的保障,例如旨在"加强联邦政府信息安全"法案的出台,规定德国将对互联网的特别紧急事件和政府信息安全方面加大投资力度。在德国政府的支持下,爱立信、诺基亚、西门子、阿尔卡特朗讯等龙头型通信技术公司成立了"未来互联网技术创新联盟",共同研发互联网未来技术标准和传输服务,该联盟采取相对开放的模式,吸引其他合作伙伴加入。

德国还高度重视信息技术安全问题,联邦内政部下属的信息技术安全局有多名专业人员专门负责应对计算机互联网的安全问题,他们

---

① 滕顺祥:《基于互联网的行业综合治理机制与策略研究》,北京交通大学 2010 年博士学位论文,第 121 页。

及时调查和发布互联网应用中出现的技术安全风险,并提供快速解决方案以保证联邦政府电子政务等系统安全运行,同时要随时向社会发布病毒警告以及提供技术支持和服务。德国近年来与英国共同进行互联网的动态标签识别技术环境的建设,实施两国"互联网标签技术"的合作,对互联网内容实行标签制管理,给每一个网页内容都贴上来源、出处的标签,加强对互联网不良信息的控制①。

(三)印度互联网技术环境

受益于政府的强力推动,印度互联网产业发展迅猛,成为仅次于美国的第二大软件出口国。在互联网及相关行业治理方面,印度建立了全国统一的互联网管理机构和互联网技术研究支持中心,对全国各个行业的互联网应用进行全方位的跟踪服务。其互联网技术的立法也走在世界的前列。由于新的交易形式不断涌现,政府专门成立信息技术部来负责电子交易行为。早在2000年6月印度政府就颁布了《信息技术法》,承认了电子合同、电子签名的法律效力,加强对认证机构的规范,规定了网络民事和刑事违法行为以及法律责任,防范并打击计算机和网络犯罪活动,增强电子商务活动的安全性和快捷性。随后又在被誉为印度"硅谷"的班加罗尔市成立了第一家专门对付网络犯罪的警察局。在2008年修订的《信息技术法》中规定,对在网上散布虚假、欺诈信息的个人处以罚金或最高判处三年有期徒刑。2011年,为了进一步适应信息技术的发展,增强信息技术立法的可操作性,印度政府出台《合理安全实践与程序及敏感个人数据与信息规则》②。在互联网技术

---

① 滕顺祥:《基于互联网的行业综合治理机制与策略研究》,北京交通大学2010年博士学位论文,第123页。

② 李静:《印度信息技术立法的发展与特色》,《暨南学报(哲学社会科学版)》2012年第11期,第83页。

支持环境的建设方面,印度建立了普及全国的互联网技术支持体系和互联网法律治理体系。在各大城市都成立了"网络警察局",并在网上公布了各网络警察局的地址和电话号码,供网民提供和举报网络违法线索。为了进一步优化互联网技术环境,从 2005 年 3 月开始,印度开始对各地的网吧进行监管,并考虑从立法层面明确网吧在互联网治理中的监管作用。

三、制定网络国家安全战略

随着互联网技术角力的国家化和互联网犯罪的国际化蔓延,以美国为首的西方发达国家愈发重视互联网在国家安全中的作用,纷纷制定国家层面的互联网安全战略,提升自身在全球网络格局中的地位。

(一)美国国家安全战略

美国网络空间的国家安全战略总体上可分为三个阶段:

第一阶段是克林顿政府时期。美国政府意识到互联网基础设施对整个国家的意义,以及网络攻击可能造成的重大威胁,因此战略重点是国家信息基地设施的全面建设与重点防御。1993 年 9 月克林顿政府公布了"国家信息基础设施行动计划",也被称作信息高速公路计划。1999 年 5 月,克林顿总统签署《关于保护美国关键基础设施的第 63 号总统令》,首次正式明确了信息安全的概念、意义及保障信息安全的目标,设立了关键基础设施保障办公室,将中央情报局、商务部、国防部、国家安全局等关键政府部门列入第一批实施信息安全保护计划的要害部门。2000 年 1 月,又制定了《信息系统保护国家计划》,进一步将信息安全保护分为脆弱性评估、信息共享、事件响应等十项内容。

第二阶段是布什政府时期。重点是确保国家网络空间安全。"9·11"事件以后,布什政府高度重视网络攻击对国家安全带来的重大威胁,先后发布了一系列强有力的政策、法令。2001年10月,布什政府发布行政命令《信息时代保护关键基础设施》,将关键基础设施保障办公室升格为总统关键基础设施委员会,委员会主席成为总统在网络安全事务方面的特别顾问。2003年2月14日,美国公布了网络安全方面专门出台的第一份国家战略《确保网络空间安全的国家战略》报告,正式将网络空间安全提升至国家安全的战略高度,并确定了三项总体战略目标,即阻止对关键基础设施的网络攻击;降低美国应对网络攻击的脆弱性;在发生网络攻击时使损害程度最小化、恢复时间最短化。报告规定国土安全部作为确保网络安全的核心部门和指挥中枢,强调发动社会力量参与网络安全保障,重视科技力量的发挥、人才的培养和公民网络安全意识的教育。2006年,又发布了《国家基础设施保护预案》。该预案明确了不同治理部门和社会主体的安全合作职责定位,为整合重点基础设施和关键资源保护并将其纳入国家网络安全风险管理体系提供了框架。在布什政府执政的中后期,美国军方的网络空间安全战略逐渐发生重大转变,由早期的防御为主转变为攻防兼备。如2008年1月8日,布什总统签署"国家网络安全综合计划",根据该计划,美军开始实施"国家网络战场"项目,其目标是为模拟真实的网络攻防作战提供虚拟环境,防止美国遭受电子攻击,并提高反击能力。

第三阶段是奥巴马政府时期。这一时期军方的角色更加突出,网络空间安全战略显现出"攻击为主,网络威慑"的主题,加强争夺全球网络空间霸权。2009年5月29日,奥巴马政府公布《网络空间安全评估报告》,公开了新的联邦政府网络安全计划的轮廓,在白宫设立专门负责网络安全的办公室,负责制定网络安全政策,以及在联邦机构之间协调网络安全政策事务。2009年6月23日,美国国防部部长盖茨下令由美军战略司令部负责组建网络战司令部,美国成为全球首个公开正式将战争机构引入互联网的国家。网络战司令部是一个攻击性的作战单位,目标是帮助美国国防部"确保在网络空间的行动自由",发展先发制人、侵入任何远程系统的攻击能力,为未来网络战做准备,实现"攻防一体"。2011年5月16日,美国首份《网络空间国际战略》报告发布,阐述了美国在网络空间的国际策略,称美国希望打造"开放、可共同使用、安全、可信赖"的国际网络空间,并将综合利用外交、防务和发展手段来实现此目标。这些计划和报告体现了美国政府和军方对网络空间战略价值的高度重视,其扩大自身在网络空间总体优势的意图已显露无遗。①

除了美国之外,德国也制定了国家层面的网络安全战略,《德国网络安全战略(2011)》规定了网络安全战略的两个基本原则:一是网络安全的保证必须不阻碍网络空间的发展与运用;二是网络安全必须以综合治理措施为基础,主要关注民用措施,加强国际合作。

四、法国的文化安全保护

法国对本国文化具有高度的自信心和自尊心,特别强调维持本国文明或文化的独特性,努力抵御美国式的将互联网过度商业化的趋势。法国认为互联网并不是价值中立的,由于美国在互联网发展中的主导作用以及英语的强势地位,互联网实际上成为美国文化传播的最佳平台,为了保护法兰西的独特语言、文化和价值观,法国必须对互联网予以特别规制②。为实现文化保护的目标,法国政府特别要求所有设在法国的网站必须包含一定数量的法语内容。

---

① 何跃鹰:《互联网规制研究——基于国家网络空间安全战略》,北京邮电大学2012年博士学位论文,第56—60页。

② Sophie Meunier,"The French Exception",*Foreign Affairs*,Vol.79,No.4,2000,p.104.

第三节 互联网经济治理体制

一、高级别的政府监管机构

为了统一领导和协调各相关部门的工作,美、英、法、澳、韩等网络发达国家的互联网监管机构有逐渐统一化、高级别化的趋势。例如美国为了强化网络安全,设立国家网络安全顾问办公室,并在《2009 年网络安全法案》中授予总统更大的网络安全管理权限,以提升网络安全监管级别。2010 年 6 月,美国国土安全和政府事务委员会主席乔·李伯曼在《2010 年保护国有资产网络空间法案》中提议在总统办公室设立专门的网络政策办公室,负责领导和协调联邦网络空间事务,制定国家网络空间战略,协调军事、法律、情报、外交等所有网络空间政策,监督所有联邦网络空间有关的行为活动等。英国 2003 年之前互联网及相关通信技术采取分别监管的模式。2003 年 7 月,英国议会批准了新《通信法》,批准设立统一监管机构——通信办公室,打破了原来信息领域中存在的行业监管壁垒,节约了部门间协调的成本,提高了综合监管水平。

建立更高级别的监管机构或委员会主要目的之一是促进各行业监管机构的协调和信息共享,发达国家纷纷建立和完善网络监管协调和信息共享机制,例如美国要求网络安全协调员与联邦首席信息官、联邦首席技术官以及国家经济委员会密切合作。①

高级别的监管机构同时有利于对社会共同参与治理体制进行协

---

① 童楠楠、郭明军、孙东:《西方国家互联网治理的经验与误区》,《电子政务》2016 年第 3 期,第 51 页。

调。例如美国联邦政府发布的《2002 年网络安全研究与发展法》要求合理协调产业、政府、学术研究项目三者间的信息共享与合作。澳大利亚于 2002 年 3 月成立核心基础设施方面政企合作的任务组,提出建立政府和企业的信息共享网络的必要性,并在 2002 年 3 月设立了可信信息共享网络(Trusted Information Sharing Network,TISN)。澳大利亚《国家电子安全章程》将个人家庭、企业和政府共同纳入电子安全保障体系,推动政府、互联网服务商和网民共同参与网络治理,促进治理主体之间形成有效的协作制衡机制。

二、美国市场主导和权力分散化

(一)坚持市场主导

正如其经常对外宣称的一样,美国是较纯粹的市场经济国家,十分重视市场自由竞争和机会均等,尽可能避免政府对经济运行进行过多干预,在互联网经济发展领域同样如此,其互联网治理以立法为最主要的规制手段,目前已有数量众多与互联网相关的立法,如《通信正当行为法》《儿童互联网保护法》等。

美国非常强调行业自我规制,尽可能减少政府规制。1997 年的《全球电子商务框架》报告中即明确提出"私人部门应当发挥引领作用……政府应尽最大可能地鼓励行业自我规制"。在美国除了传统的行业协会以外,专门互联网领域的协会还包括互联网地方广告和商业协会、互联网服务协会、消费者银行协会、直销联合会、互联网隐私工作组等。由于行业自身比政府更加专业、掌握行业信息更加精准,美国一直倡导互联网及相关行业建立自律性的行为准则。美国的行业自律体系比较完善,涵盖了电子商务、著作权、隐私权、网上不良信息管理等方面。以美国在隐私权方面的行业自律为例,针对互联网隐私权的行业自律主要是通过建议性的行业指引、网络隐私认证计划、技术保护模式和安全港模式来实现的。

(二)权力分散化

美国州级政府是制定法律的最重要主体,在互联网经济时代同样如此,分散决策及自下而上的创新大大提高了制度的适应性效率。以网络约车立法为例,2013 年 9 月 19 日,加州交通监管机构——公共事业委员会颁布了监管网络约车服务的第一部法案,标志着官方监管机构正式承认了网络约车服务的合法性。据《华尔街日报》的报道,2014年美国有 4 个州和 17 个城市通过立法承认网络约车的合法地位。截至 2015 年 8 月,通过立法将网络约车合法化的州城市达到 54 个。但各州法律中对网络约车概念的界定、企业运行方式以及行为规范有差异,加州公共事业委员会为优步(Uber)等公司专门创设了"交通网络公司"(TNC)这一新概念,对应一种新的服务类型。规定这些公司可以自行定价,充分竞争,但必须向加州公共事业委员会提交运营数据报告,包括本公司专车司机运行的小时数、里程数、收费标准以及司机定期接受 TNC 培训的证明等。而其他州、市的相关管理规定各有不同。美国这种以地方政府为主体的制度性安排,通过分散决策可以降低风险,避免了统一决策错误带来的巨大损失,并能有效地整合分散的知识,同时形成制度多样性的竞争①。

三、英国"自我管理"

与美国类似,作为市场运行机制较为成熟的国家,"自我管理"在英国互联网及相关行业治理中占据主导地位,对互联网的治理更多是

————————

① 罗小芳、卢现祥:《论创新与制度的适应性效率》,《宏观经济研究》2016 年第 10 期,第 13 页。

通过市场调节与行为自律来实现。1996 年,由英国政府部门牵头,与网络业界代表和行业组织代表共同签署了网络监管的行业性规范《R3安全网络协议》,"R3"代表分级、检举和责任,由互联网监察基金会负责该协议的具体实施。互联网监察基金会是对互联网进行内容规制的机构,资金主要由网络服务提供商、移动开发制造商、信息内容提供商以及通信软件公司等提供。值得注意的是政府并非"无为而治",基金会实际上是在英国政府支持下设立起来的,贸工部在其中发挥了关键作用。基金会按照 R3 协议对网络信息进行分级,以不同标注方式公告消费者及企业,以便其自行选择和自我规制,同时要求网络提供商承担起确保网络内容合法的责任。

英国实行互联网行业自律所采取的措施主要有四种,包括制定并落实行业规则、开设热线以接待公众投诉、设立内容分级和过滤系统、进行网络安全教育等。例如英国内政部开展的"如何在网上保护你的孩子"的宣传活动,通过官方网站、大众媒体和出版物,向家长介绍网络的功能、潜在危险及其对儿童可能造成的危害。同时提供屏蔽危险信息和网站的途径,教育孩子不要沉溺网络。此外,英国教育和技能培训部还设立了专门网站向家长传递最新的安全信息[1]。英国的行业自律还特别强调伦理道德的自我约束,提高互联网企业和用户的自身素养,从内部规范网上行为。

四、德、日、韩注重政府监管

(一)德国

德国的市场经济模式被称为"社会市场经济",是自由市场和政府

---

[1]　苏丹:《提倡自律　重在协调——英国的网络内容治理》,《中国记者》2004 年第12 期,第68 页。

作用的结合。尽管德国政府十分重视通过立法和执法手段对互联网进行管理,但由于互联网迅捷性、跨时空性等特点,法律规制手段面临制定易、执行难的问题。因此德国互联网监管的特点是自由与监管并重。立法仍然是主要的监管手段,包括信息控制、保护未成年人、加强内容监控力度等。在严格执法方面,德国内政部是负责互联网信息安全的最高国家机构,重点防范有害信息及言论的传播。专门依法设立了网络警察,负责监控有害信息的传播,还与美国联邦调查局、欧洲刑警组织等机构开展国际合作,加强打击网络犯罪力度。

(二)韩国

强化控制是韩国互联网治理的一贯特点,政府在互联网治理领域扮演着最重要的角色。韩国是世界上最早设立互联网审查机构的国家,经验做法可以归结为"网络黑名单制"和"网络实名制"的结合。2001 年韩国就颁布了《不当互联网站点鉴定标准》和《互联网内容过滤法令》,确定了信息内容过滤的合法性。其中《互联网内容过滤法令》禁止互联网服务商接入所有被韩国政府列入"黑名单"的网站,为保护未成年人法令同时要求必须在网吧、公共图书馆和学校等场所安装过滤软件,并引入内容分级管理。

(三)日本

日本的互联网管理主要采取行业自主管理、自我约束的方针,但政府在关键问题监管上仍发挥重要作用。1996 年 12 月,在邮政省电器通信局作为政府互联网主管部门发布的《关于互联网上信息的流通》报告中指出,互联网管理应以自我约束为主,"不宜用法律作出新的规定",但同时规定日本有关电信的现行法规也适用于互联网,认为有必要让网上信息发布者认识到对所发布信息负有法律责任,让互联网服务商根据协议条款清除违法信息是管理互联网之良策。又如针对网上犯罪现象增加以及邪教组织奥姆真理教利用互联网进行活动的问题,1999 年 8 月颁布了《关于禁止非法入侵行为等的法律》,对非法入侵行为进行了量刑和处罚规定,并要求各地公安委员会制定有效措施对付黑客非法侵入事件,还要求国家公安委员会、通产大臣和邮政大臣每年至少公布一次非法侵入事件和控制技术的情况。此外,日本政府还陆续出台了针对电子商务的《电子契约法》、为防止个人信息被非法利用的《个人信息保护法》等。

第四节　互联网经济促进政策

一、支持创客空间发展

美国政府对创客空间进行了大力支持,包括制定与出台相关政策,支持和扶持云存储平台、维基百科、即时消息等社交网络的发展,吸引创客依靠创客空间进行沟通和合作;积极鼓励有兴趣的学生加入创客空间。美国的教育部依靠"21 世纪社区学习中心计划",大力促进创客运动的开展,且积极推动在高校里成立创客空间。2014 年 6 月 8 日,美国在白宫首次举办创客嘉年华(Maker Faire),奥巴马总统宣布把每年的 6 月 18 日设定为"国家创客日",并出台推动创客运动的整体措施,且强调"要让美国学生成为世界的创造者",而麻省理工学院、纽约大学、加州大学伯克利分校、斯坦福大学等均早已开设了创客空间①;强化对创客空间的技术和资金支持,不同形式的基金会、博物馆、图书馆、国防部高级研究计划局等,均为创客空间提供大力支持,为创客创

---

① 彭仁贤:《创客空间发展的中美案例对比研究》,《技术经济与管理研究》2017 年第 2 期,第 39 页。

立不同的奖项来激励其发展动力和创新活力;为创客空间的成果提供教育扶持。美国的企业管理局、专利商标局等组织不仅帮助创客空间克服在市场领域存在的障碍,解决制度性瓶颈,还尽可能在专利发布、知识产权保护等方面为其提供援助。

二、网络经济财税政策

美国是互联网经济发展最早也是最快的国家,很大程度上得益于政府宽松的税收政策的扶持。1998 年美国国会通过了《因特网免税法案》,宣布暂时停止征收 3 年的互联网商业新税。美众议院又于 2000 年 5 月初通过了一项法案,将禁止征收互联网经济相关税收的时间从 2001 年延长到 2006 年,希望通过减轻税负,使网络经济继续保持高速发展。美国还积极呼吁其他国家停止对网络经济征关税,并免于征收对外贸易中的其他税收。欧盟于 1998 年 6 月发表了《关于保护增值税收入和促进网络经济发展的报告》,与美国就免征网络经济关税问题达成一致。但也迫使美国同意把通过因特网销售的数字化产品视为劳务销售征收增值税,并坚持在欧盟成员国内对网络经济征收增值税,以保护其成员国的利益。[①] 值得一提的是,在网络经济享受了多年的税收减免之后,2013 年 5 月,美国参议院通过了《市场公平法案》,来试图解决一直以来存在的网上消费和实体店消费的不公平以及使用税难收的问题。政府征税在解决市场主体公平竞争问题的同时,也将提升电子商务整体的经营成本,对其市场竞争以及企业的业绩都将产生负面的影响。

三、互联网全球治理机制

美国在网络空间的实力优势体现在超群的技术能力以及拥有的巨

---

① 郑勇、於志东:《从欧美对网络经济的税收政策来探讨我国的网上税收政策》,《经济问题探索》2005 年第 4 期,第 121 页。

大的网络空间资源。利用在技术上的绝对优势,也为了继续保持这种优势,美国主导了全球互联网的议程设置和制度安排,其中最核心的一项是建立"国际互联网协会"(Internet Society, ISOC),并将其核心部门纳入美国的掌控之中。

　　创立于 1992 年的 ISOC 是负责互联网领域制定标准、调配资源、协调利益的国际组织,代表由公司、非营利协会、企业家和个人组成的国际网络。其下拥有两个重要组织,分别是 Internet 架构委员会(Internet Activities Board, IAB)和互联网名称与编号分配机构(Internet Corporation for Assigned Names and Numbers, ICANN),前者负责技术顾问、任命下级组织的领导人等①,而美国对互联网的优势地位主要通过 ICANN 得以体现,控制着全球互联网域名管理,掌握为数众多的根服务器。美国对 ICANN 的影响主要包括授权 ICANN 履行分配 IP 地址、编辑根区文件、协调协议数目等技术功能,美国商务部与 ICANN 之间签署谅解备忘录和联合项目协议。奥巴马上台后,美国政府试图开始主动变革,将互联网制度战略从美国主导转向国际多边合作治理。虽然 2014 年 3 月 14 日美国商务部发表声明宣布,在满足一定条件的情况下,将放弃对由 ICANN 管理的互联网号码分配机构的监督权,转而移交给"全球多利益攸关方",但这一提议遭到国内各方强烈反对。美国对 ICANN 的控制短期内并不会有任何实质性削弱,所谓权力移交方案也很难触及现存全球互联网治理制度的基础。②

---

　　①　李杨:《大数据时代中美网络空间博弈探究》,《世界经济与政治论坛》2016 年第 6 期,第 70 页。
　　②　王明国:《全球互联网治理的模式变迁、制度逻辑与重构路径》,《世界经济与政治》2015 年第 3 期,第 47 页。

第五章　互联网经济时代政府治理的原则

对于互联网经济的治理态度主要分为三派意见。第一派为从松派,认为互联网经济是逆生性很强的新生事物,过紧的监管将扼杀其发展动力和活力,应该为其提供一个相对宽松的监管环境,在发展中逐步解决问题、防范风险,主要目标是促进市场创新、发展市场活力。代表人物是互联网协议创始人温顿·瑟夫。第二派为从紧派,认为互联网经济的发展带来了更多新的风险问题,应进行比传统经济业态更细更严的监管,防止发生系统性风险。联合国前秘书长安南在评价互联网规制问题时说,"在管理推动和保护互联网健康发展的过程中,我们必须与其缔造者一样具有创造精神。毫无疑问,互联网必须治理,但这并不意味着我们需要沿用传统的方式"①。第三派为适度监管派,认为对互联网经济的治理要在创新和有序之间取得平衡,既要对新风险和新问题进行及时防范、果断处置,也不至于因噎废食使互联网经济发展的动力被扼杀。

本书更倾向于适度监管,对互联网经济治理的目标应当是:既避免过度监管,又防范重大风险。总体上应当体现开放性、包容性与有效

---

① 钟瑛:《我国互联网管理模式及其特征》,《南京邮电大学学报(社会科学版)》2006 年第 8 期,第 31 页。

性,同时坚持鼓励和规范并重、培育和防险并举,构建包括市场自律、法律基础性规制和主管部门适当、有效监管在内的三位一体的安全网,促进互联网经济的良序发展。

第一节　坚持适度干预

一、适当放松规制

规制是纠正市场微观失灵的重要手段,目的在于维持正当的市场经济秩序,提高资源配置效率。[①] 在互联网经济治理中保持"规制谦抑"的理念非常重要。

(一)为发展预留空间

政府治理要为互联网经济的未来发展预留空间,不能管得太"死"。互联网虽然已经经过了一段时间的发展,但在经济谱系中还属于新生事物,尤其是技术日新月异的发展带来新业态和新模式的不断涌现,而规制的刚性决定了其对快速变化的新事物适应性有限,所以更应采取审慎的态度。《国务院关于实行市场准入负面清单制度的意见》指出,"对市场上出现的新技术、新产品、新业态、新商业模式等,要本着鼓励创新、降低创业门槛的原则,加强制度供给,寓监管于服务,不急于纳入市场准入负面清单管理"。规制者在对一些新问题和新现象缺乏深入了解之前,应该留有"试错空间",采取更加宽容的态度。"发展中的问题要靠发展去解决",很多市场中出现的问题实际上可通过

---

① 李洪雷:《论互联网的规制体制——在政府规制与自我规制之间》,《环球法律评论》2014 年第 1 期,第 118 页。

技术的发展或者市场机制自身来解决,并不需要政府的直接干预。政府过严规制可能既增加市场主体的制度成本,又难以从根本上解决问题。

(二)只在"必要"时进行规制

在互联网经济治理过程中,在判断是否有必要对某一问题进行规制时,可以利用经济学工具进行规制的成本收益分析,尽量争取规制收益大于规制成本。只有"必要"的时候才应该对新的技术进行规制,必要的情形主要有三种:一是新技术带来新的或者重大的社会关系变革;二是现有法律将破坏新技术的运用;三是现有法律将损害其本身。[①]即使确实有必要进行规制,也应优先采取对市场主体干预较小的措施。政府管制要遵循适时、适度的原则,一旦市场进入良性发展以后,政府应适时解除管制,退出管制要平稳、坚决,要维持稳定、有序和竞争性的市场环境。

(三)促进产业融合

产业融合是互联网经济发展的必然产物,反过来又会促进互联网经济的进一步繁荣,规制的放松可以为产业融合提供积极的外部条件。规制缓和会带来需求方融合。社会经济发展和市场全球化带来的是渐进式需求融合,即不同消费者需求的逐步趋同;而规制缓和带来的往往是快速需求融合,即产业间的障碍一夜之间被取消,消费者可以在一次交易中满足不同需求[②]。政府取消和部分取消对被规制产业的各种价格、进入、投资、服务等方面的限制,可以为产业融合创造比较宽松的政

① Thomas C. Folsom, "Defining Cyberspace (Finding Real Virtue in the Place of Virtual Reality)", *Tulane Journal of Technology & Intellectual Property*, Spring 2007, p. 118.

② Johannes, M. Pennings, *Market Covergence & Firm Strategies*:*Towards a Systemic Analysis*, Organization Science Winter Congerence, 2000, p. 25.

策和制度环境。

二、适度政策激励

适当放松规制并不意味着政府"无为而治",尤其是在我国"大政府"的国情下,政府适度的激励政策有助于提高市场效率,从而推动互联网经济持续稳定发展。

埃里克·范·海斯维尔德(Eric Van Heesvelde,2000)指出,规制者的任务是保护消费者和产业的利益,还必须包括促进变革、为所有消费者创造公平进入的机会、购买和选择的权利[①]。政府对消费者和企业认识新技术方面所作的干预和努力,应该旨在提高消费者和企业在新技术扩散过程中对新技术协同价值的认识,推动新技术市场驱动力加速。[②] 产业治理机制包含产业链组织构架、制度建立、激励和惩罚、利益分配等[③]。

政府积极营造有利于知识分享、技术交流和创新创业的软环境,是帮助市场主体提升创新能力的关键。通过打造更科学合理的制度、机制、文化和政策,不仅可以促进各类创新要素之间的碰撞融合,还可为互联网企业营造健康有序、公平竞争、开放包容的创新软环境。其中的关键是制度安排,政府可以在以下几个方面有所作为:一是通过法规政策等途径,加强知识产权保护,规范行业有序竞争;二是促进互联网企业与高等院校、科研机构、中介组织等的合作交流,形成竞争与合作的

---

① Eric Van Heesvelde, "Covergence between Fixed and Mobile Communications", *Info*, Vol.2, No.3, 2000, pp.271-275.

② 杜云、叶崴:《网络经济下的市场驱动力研究——基于新技术扩散 oop 实验数据分析》,《武汉科技大学学报(社会科学版)》2013 年第 3 期,第 309 页。

③ Langen P, "Governance in Seaport Clusters", *Maritime Economics & Logistics*, Vol.56, No.2, 2004, pp.141-156.

网络关系;三是建立创新补偿机制,降低新技术扩散中消费者选择和使用上的转移成本,缓解技术产品市场上的信息不对称,保护集群创新的积极性。

第二节 加快理念创新

互联网绝不仅仅通过技术变革为经济发展带来简单叠加的物理性变化,而是市场、社会和政府都需要新的"变异"来适应这个环境,"变异"的根本是创新,是一种"化学性"的融合。互联网经济时代的政府治理,必须真正了解和把握互联网经济的新规律,培育平等、开放、共享、协作的互联网思维,排除障碍实现不同群体的利益再分配,保持新经济发展和新风险治理之间的平衡[1],促进政府治理模式从强制性转向认同性、从组织化控制转向网络化自治、从封闭性控制走向开放性控制[2],国内治理政策要同国际互联网政策接轨。

一、提高适应性效率

新制度经济学提出了适应性效率的问题。适应性效率的本质特征是允许个体决策试验,促进分散决策,其主要来自制度结构及其对经济条件变化的反应能力。适应性效率建立在有效的制度结构上,这种制度结构面对不确定性时能灵活地尝试各种选择,能有效地处理不断出现的新问题、新挑战。诺斯认为这种制度结构建立在鼓励和允许进行实验的信念结构基础上(诺斯,2005)。制度及制度结构对创新的影响

---

① 何宝宏:《互联网治理》,《数据通信》2006年第1期,第24页。
② 田中佑:《论因特网时代的社会控制》,《社会科学辑刊》2001年第5期,第37页。

主要体现在三个方面:一是制度结构是否有利于产生创新;二是制度是否保护创新;三是制度能否适应创新。制度的适应性效率高低主要影响因素包括:计划经济还是市场经济、集权还是分权、风险是集中承担还是分散承担。① 面对互联网带来的新的技术工具、新的经济业态、新的社会结构、新的公共诉求、新的思维方式,现有政府系统能否在对立与融合的矛盾心态中实现从抗拒到融入的嬗变②,能否以制度创新适应甚至引领社会整体创新,成为政府的一大课题。

二、探索实验主义治理

实验主义治理源于哥伦比亚大学法学院教授查尔斯·谢贝尔(Charles F.Sabel)和阿姆斯特丹大学公共政策教授乔纳森·齐特林(Jonathan Zeitlin)对欧盟治理政策的总结性思考和提炼。欧盟治理面对的基本困境是传统的治理方式根本无法应对多头政治和政策多样性带来的挑战,实验主义治理便应运而生。这和政府在互联网经济发展中面临的治理困境具有高度相似性。实验主义治理的"改变现状"机制和"共同学习"机制在互联网经济治理中都可以发挥积极的作用,成为政府治理方式转变的重要工具。

实验主义治理的理论起点可被形容为"改变现状"机制,"赋予了个人或集体以松动或挑战当前制度的权利及能力"③。这一机制改变了各方所处的约束环境,在事实上成为激励多方主体参与的重要制度

---

① 罗小芳、卢现祥:《论创新与制度的适应性效率》,《宏观经济研究》2016年第10期,第13页。

② 王金水、卜安洵:《以互联网思维审视政府和市场的新界限》,《前沿理论》2015年第7期,第35页。

③ Sabel C F, Simon W H, " Destabilization Rights: How Public Law Litigation Succeeds", *Harvard Law Review*, Vol. 117, No. 4, 2004, pp. 1015–1101.

设计。一方面,要求政府通过公开评议、公开论证的方式,接受其他主体对公共政策的批评与建议并作出改进;另一方面,"不合作将带来更坏结果"的制度成本将改变多元主体的行为约束条件,尤其是强调"事前违反"的制度成本,迫使各方主体积极参与合作治理,并主动寻找能够更好地解决当前问题的新方案。昂格尔(Unger R M)提出"实现改变现状权,就是把打破构架的集体利益与避免压迫的个人利益联系起来"①。"改变现状"机制的具体实现形式多种多样,其中最直接的便是通过"惩罚性默认"来实现,简单来说就是通过威胁参与者"如果不合作,后果很严重",来促成各方主体间的合作行为。

在此基础上,实验主义治理可以通过"共同学习"机制协调各主体间的合作行为②。"共同学习"机制包括四方面内容:大致的框架目标、参与者的自由裁量、基于同行评议的动态评估,以及根据评估结果的反馈修正。在实验主义治理之下,目标是可变的,既定的规则是不存在的,都可以基于"同行评议"结果进行修正,并在临时性目标的设置与修正之间反馈迭代、循环往复,而这即构成了实验主义治理下共同而持续的学习过程。"同行评议"是实验主义治理所强调的动态问责制度的前提,问责的依据不再来自由上至下的科层式评估,或者是依据规则打分的外部第三方,而是处于相同环境下的不同参与者。因为规制者与被规制者之间存在巨大的信息不对称,但同行却有更强的专业性③。

---

① Unger R M, "False Necessity: Anti-necessitarian Social Theory in the Service of Radical Democracy", *Verso*, Vol. 75, No. 1, 2004, p. 530.

② Sabel C F, Zeitlin J, "Experimentalism in the EU: Common Ground and Persistent Differences", *Regulation and Governance*, Vol. 6, No. 3, 2012, p. 410.

③ 贾开:《"实验主义治理理论"视角下互联网平台公司的反垄断规制:困境与破局》,《财经法学》2015年第5期,第117页。

三、实现包容性创新

所谓"包容性创新"是指通过创新解决社会发展中的弱势群体本身权利的贫困和所面临的社会排斥,即通过创新促进经济发展成果惠及大多数人。[1] 巴夫南尼(Bhavnani,2008)等学者认为信息技术的发展会强化发达个体的信息优势和知识优势,使落后个体进一步面临信息贫困与知识贫困的威胁,意味着信息技术的应用可能难以自动缩小数字鸿沟,反而可能扩大原有的差距。随着多种形态的互联网技术进一步应用发展,不同群体从互联网红利中受益的差异已经替代了早期的接入鸿沟,成为数字鸿沟的新形态。互联信息基础设施的扩张和普及使得基础设施层面的区域、城乡、群体差异正在快速消除,但互联网经济作为衍生于互联网信息基础设施的新经济形态,其发展程度的区域差距却在逐步扩大。[2]

《国家信息化发展评价报告(2016)》指出,北京、上海、广东、浙江、江苏、福建、山东和天津等东部省市,信息化发展水平处于领先位置,部分省市具有明显的"创新引领型"特征。总体来看,中国信息化发展水平从东部沿海地区向西北、西南、东北三个方向,基本呈现出逐步递减的态势。然而,中西部省市中,贵州、河南、安徽、江西、宁夏等省份,因为采取科学合理的发展策略,取得了较快的提升速度,探索出一条"变革驱动型"的发展路径。

如果说接入鸿沟通过加大互联网基础设施建设投入力度的公共政

---

[1]　George G, Mc Gahan A M, Prabh J, "Innovation for Inclusive Growth: Towards a Theoretical Framework and a Research Agenda", *Journal of Management Studies*, Vol. 49, No. 4, 2012, pp. 661–683.

[2]　施莉:《产业结构视角下区域互联网经济形态发展研究》,《技术经济与管理研究》2016 年第 11 期,第 115 页。

策来改善,那么造成互联网红利差异的原因应该也可以通过政策的包容式创新来弥补。其中的核心是更加公平地发展互联网资本,即具有互联网市场进入机会、能够通过互联网市场获益的组合资产。通过促进互联网资本的公平发展,让中国社会公平地从互联网红利中受益,将是中国互联网经济治理政策包容式创新的焦点。①

四、促进开放共享

对于开放社会的论述可追溯至法国哲学家昂利·路易·柏格森(Henri Louis Bergson),但真正使得其作为一种政治观念被普遍接受则是卡尔·波普尔(Sir Karl Raimund Popper)。在《开放社会及其敌人》中,波普尔树立了其对开放社会的理解与偏好,并对政治思想进行了开放抑或封闭的分类。此后,开源软件运动的影响进一步提高了民众对开放政府、开放社会的诉求。对互联网经济治理而言,开放是重要的关键词,开放同时也是互联网思维的基本理念。开放意味着行业需要建立一个开放的生态系统,相互依存、相互促进。这既包括互联网经济监管机构本身的开放、监管数据的开放(例如征信系统)、监管的透明化,也包括指引行业之间数据开放以及建立一个进退有序的开放规则。对于新型经济业态模式,要预留一定的"试错空间",过早、过严的监管将会在很大程度上抑制创新。因此,应当适度承担试错的风险,而非通过提高门槛、严格审慎监管的方式隔绝创新的风险和可能引致的不良后果,最终限制行业的完善与发展。应该坚持"开放为默认,不开放为例外"的原则,采用分级分类、逐步开放的方式,加快推进开放政府建设。

共享包括分享、免费、普惠等丰富的内涵。在互联网背景下,产品

---

① 邱泽奇、张樹沁、刘世定:《从数字鸿沟到红利差异——互联网资本的视角》,《中国社会科学》2016 年第 10 期,第 93 页。

生产边际成本几乎近于零,使得数字产品的复制成本极低,分享成为可能;而使用"虚拟资源"无须缴纳任何费用,企业赢利"羊毛出在猪身上",并不需要用户直接对产品付费,而是企业通过用户规模的扩大赚取广告费或其他"范围经济"赢利,免费成为可能;在分享和免费的基础上,普惠成为互联网精神的又一重要内容。① 共享可以包括微观、中观、宏观三个层面。在微观层面,公众和个体消费者成为知识爆炸的源头,同时身兼信息的生产者、吸收者和共享者;在中观层面,组织内部或特定组织之间的信息共享更为普遍,如某些工业数据平台对行业内企业开放共享;在宏观层面,共享可以是全社会不同主体之间的共享,包括政府信息的开放、企业信息的共享等,甚至这种共享可以扩展到全世界范围,例如开源软件的使用者可以进行全球共享。

第三节　加强底线管理

一、加强互联网经济重点领域规制

法律规制是互联网经济治理的重要组成部分,在维护良好的市场秩序、营造安全的市场环境方面发挥着重要作用。但对于互联网经济这样的新兴事务不宜过早进行太多的立法限制,要贯彻"先市场调节,再立法干预"的思路,只有在市场失灵、公共利益可能受损的情况下才需要立法规制,对互联网经济的法律规制要体现底线管理、重点突出的原则。

互联网的经济性规制主要内容包括:网络运营商的市场准入、业务

---

① 李海舰、田跃新、李文杰:《互联网思维与传统企业再造》,《中国工业经济》2014年第10期,第135页。

运营商的接入、互联互通、普遍服务、业务价格等方面的规制问题。从世界范围来看,总的趋势是经济性规制不断放松。例如在互联网业务接入和服务提供领域,各国普遍采取逐步放松甚至完全放开的规制模式,一般采取简单的许可或备案制度,准入门滥普遍较低,市场竞争较充分。但在价格和反垄断规制、反不正当竞争等方面还需要针对互联网经济的新特点进行强化规制。在防止负外部性及信息不对称方面同样需要政府规制,例如对信息优势方利用信息优势进行不公平交易和不公平竞争的行为进行处罚,强制信息优势方提供更真实丰富的信息,明确各项交易中商品或服务的供应者必须向消费者提供的信息等①。

互联网的社会性规制近年来引起高度关注,主要包括对网络信息内容的安全监管、互联网媒体属性的内容、网络隐私权的保护、网络欺诈、网络色情、网络犯罪、垃圾邮件、知识产权等。知识产权保护对互联网经济的发展至关重要,法律规制必须平衡保护与共享的关系,通过加强专利、版权和商标等保护,激发市场主体自主创新的积极性和活力。

二、以"穿透式"监管抓问题本质

2016 年 10 月 13 日,国务院办公厅公布了《互联网金融风险专项整治工作实施方案》,明确了专项整治四大重点领域,为专项整治奠定了基调和方向。其中"穿透式"监管将成为互联网金融监管的一大特色,《互联网金融风险专项整治工作实施方案》在工作原则中称,"采取'穿透式'监管方法,根据业务实质认定业务属性,根据业务本质属性执行相应的监管规定"。虽然"穿透式"监管主要是针对互联网金融领域,但其监管理念和方法适用于整个互联网经济治理领域。

---

① 韩明华:《网络经济环境下的政府规制创新》,《宁波大学学报(人文科学版)》2007 年第 4 期,第 90 页。

简而言之，"穿透式"监管就是"透过现象看本质"，穿透互联网经济产品纷繁多样的"隐形斗篷"，按照"实质重于形式"的原则，确认其业务实质，将资金来源、中间环节与最终投向穿透连接起来，并根据业务功能和法律属性明确其行为规则、监管职责与监管要求。"穿透式"监管主要目的有：一是从业务本质入手去匹配相应的监管条例；二是加强监管制度的迭代，在市场不断创新的同时设立防火墙，防止经济风险固有的复杂性、传染性。"穿透式"监管具有很强的针对性，有利于改变互联网混业经营与现行分业监管体制的种种矛盾，有利于解决监管责任不清、嵌套多项业务逃避监管等弊端。

从监管内容来看，"穿透式"监管的本质是功能监管。"穿透式"监管并没有脱离现有行政体制架构，可以看作是在分业监管格局下进行的一种功能监管尝试。互联网经济往往具有产业融合的特点，针对其跨界混业经营、贯穿多层次市场体系的特征，在监管方式上就要穿透表面现象看清业务实质，综合全流程、全方位信息来判断业务功能实质，并明确具体应由哪级哪个机构实施具体的功能监管。

从监管过程来看，"穿透式"监管属于事中事后监管。要让监管落实到互联网企业的核心业务上去，不单以表象和前置条件论企业是否合法合规，而以企业的具体业务属性确定监管要求与职责分工，通过面面俱到的业务持续监管措施，最终实现监管过程的全覆盖。"千里之堤，毁于蚁穴"，要想真正保证互联网经济风险在可控的范围内，更应该强化日常监管。

第四节　重视长尾作用

互联网经济对传统经济理论的一大挑战是"二八定律"的失效，在传统经济社会,前 20% 的大客户、畅销产品所创造的经济效益可能占到一半以上,因此成为企业关注和服务的焦点,而其余 80% 的部分需求因供给太分散,逐一满足成本高、效益低,从而不具有太高的经济价值。而网络时代随着技术的进步,满足长尾部分的分散化需求成本明显降低,而长尾部分的巨大信息优势将成为企业新的价值来源。

一、治理视角下移

对政府而言,长尾理论在公共治理领域的应用意味着精英导向的施政理念必须改变,要将视角下移,在对社会金字塔中层和低层的关注和服务中获得更高的行政效率和更坚实的执政合法性。换言之,对最底层的群体要更加重视。我们固然要重视精英群体,但是对于最底层的群体,需要更加重视起来,"为人民服务"在互联网时代将被赋予新的时代内涵。

二、运用"众包"模式

"众包"一词最早出现在 2006 年,由美国《连线》杂志一位名叫杰夫·豪(Jeff Howe)的记者首次提出。温弗里德·埃布纳(Winfried Ebner,2009)提出了"创新社会工程"的概念,认为"众包"对于构建创新型社会非常重要。众包是集社会资源来解决特定问题、完成特定工作任务的一种生产模式。开放性使任何一个众包的参与者从不同角度对其提出解决方案,而最终形成的方案将得到大多数人的支持和赞成。众包资源突破了地域的局限,极大提高了资源的丰富程度。众包也是民主化的生产方式,其参与主体以平等和自由为原则,特别强调个体的主观能动性,自我管理是众包的最大特点。[①] 众包模式广泛应用于互

---

① 祁芸、陈小勇:《众包商业模式及其经济学分析》,《商业时代》2012 年第 34 期,第 35 页。

联网经济各个领域,依靠大众的智慧而非公司内部的智力资本进行生产和服务,从而使产品和服务更符合消费者需求,而传统的消费者也成为互联网时代的产消者。例如大众点评,它自己并不发表关于餐厅的各类评价,而是把消费者的智慧纳入进来,在餐饮企业和消费者之间搭建平台。在科学研究领域,越来越多的课题不是几个的力量能够完成,科学界开始流行一种方法,例如要做一个植物学方面的一个研究,可以建一个网站,世界各地的植物学家都随时可以到这个网站上来发布最新发现的一些植物的种类、植物的特性、分布的地点等信息,这可能带来传统社会不可能实现的知识规模效应。

借鉴于此,政府将可以鼓励更多的社会主体参与公共管理和公共事务,公众的参与成为大势所趋。进入网络时代,每个人都希望有发言权、参与权,每个人都希望制造自己的存在感。我们政府也已经敏锐地观察到和正在回应这种新的变化趋势,包括 2015 年两会的政府工作报告也充分吸纳了网友的建议,有很多精彩的观点、精彩的建议、精彩的评论被用到政府工作报告中。这样的参与是拉近政府和公众之间距离的非常好的手段,有利于提升社会成员的参与感、认同感和归属感。

三、利用"无序"系统

互联网时代的社区往往层级性不再那么明显,更像是一个蜜蜂的聚合群。对于一些必须要控制的工作,可能需要采取非常可靠的线性系统,但是对于非常复杂的尤其是快速变化的一些情况,反而可能需要一些"失控"的系统,就像蜂群一样,"无序"的系统可能会给我们带来意外的惊喜。怎么把如此之多的一只一只的小蜜蜂的智慧融合起来,发挥社群的自组织性,把这种社区的生物性特性利用起来值得我们研究。一方面要发挥自下而上的自发性力量,另一方面基于科层制的领导模式需要做适应性调整。

四、促进公共服务的精准投放

互联网公司的基本业务大多采取免费模式,而靠广告收入和差异化服务业务赢利。而差异化服务的前提是基于用户行为和用户使用习惯带来的用户信息,从中利用大数据技术分析出用户需求,针对需求进行服务的精准投放。

与商业服务类似,公共服务的精准投放在互联网时代同样变得更为重要。互联网很大程度上解决了政府和公众之间信息不对称的问题,使政府对于不同群体、不同利益相关方的诉求可以进行更加精准的把握,从而为个性化的、更切合实际需求的公共服务提供带来可能。

第六章　互联网经济时代政府治理创新的建议

加强政府治理创新是国家治理体系和治理能力现代化的必然要求。互联网经济发展至今,既不能像对待新生事物一样无限宽容、任其野蛮生长,也不能监管过度,扼杀其发展潜力。政府需要适应新形势、新思维、新环境的变化,具有对新的知识—权力关系的前瞻能力①,根据互联网经济的新特点重新设计优化包括体制机制、法律法规在内的制度体系,明确不同治理主体的责、权、利关系②,建立多元化治理体系。减小互联网经济风险,降低广义外生交易成本,形成有效激励机制,为互联网经济发展提供良好的外部环境。

第一节　完善互联网经济法律环境

构建互联网及相关行业法律体系要以基本法律为主干,以其他法

---

① 白锐:《略论互联网与国家治理逻辑的再建构》,《社会科学战线》2016 年第 9 期,第 178 页。

② 轩传树:《互联网时代下的中国国家治理现代化:实质、条件与路径》,《当代世界与社会主义(双月刊)》2014 年第 3 期,第 105 页。

律、行政法规和地方性法规为补充。健全包括互联网管理基本法、网络信息安全类法规、网络服务类法规、电子商务类法规、知识产权类法规在内的互联网及相关行业法律体系。一方面要重新调整现有的法律，依据互联网经济的新特点和新需求加以补充、修改和完善，另一方面要加快对网络安全、数据保护、电子商务、互联网知识产权保护等互联网经济直接相关法律法规的制定和完善，完善互联网经济发展的法律环境。

一、加强消费者保护和隐私信息保护

信息泄露和侵犯隐私是消费者保护领域的短板，电子商务、网络求职、网络平台、政府服务等平台上充斥着大量的隐私信息。隐私信息一旦在网络上公开，由于网络信息的不可控性，消费者很难阻止信息的蔓延，而且由于网络信息数量巨大造成的不可处理性，给传统侵权责任认定标准、构成要件、规则原则等带来了新的难题。要加强对人肉搜索、侵犯隐私权、个人信息滥用、人格权侵权等违法行为的规制，防止一些不法商家或者机构，非法买卖或非法传播注册会员或有交易信息的个人信息和隐私，谋取不正当利益。

互联网经济中侵害消费者权益违法案件的发生，很重要的原因是互联网企业与消费者之间存在严重的信息不对称，因此，以法律手段强制互联网企业向消费者披露信息是保护消费者权益的重要内容。比如网约车企业必须向乘客如实披露驾驶员基本信息、车辆基本信息，以便于消费者正确判断、理性选择。此外，强制企业与政府实现实时信息共享，便于政府督促互联网企业和平台合法合规经营。比如，企业要向政府共享消费者投诉信息，对于一些重大投诉和有趋势性的投诉，政府可以督促企业依法处理，并向社会公布处理消费者投诉的情况，促使企业积极处理消费者投诉。①

2016 年 10 月 19 日,工商总局印发《关于加强互联网领域消费者权益保护工作的意见》(工商消字〔2016〕204 号)。决定用 3 年左右时间,开展网络消费维权重点领域监管执法,有效遏制互联网领域侵权假冒行为,进一步提升网络消费维权工作水平。主要措施包括:坚持一体化监管,依法保护互联网领域消费者的合法权益;坚持突出重点,切实强化网络交易商品质量监管;坚持问题导向,严厉打击网络交易中侵害消费者权益的违法行为;坚持改革创新,健全完善网络交易在线投诉及售后维权机制;坚持信息公开,推进网络经营者诚信自律体系建设;坚持社会共治,构建互联网领域消费者权益保护的长效机制;坚持教育引导,提高网络消费者自我保护的能力。我国在《网络安全法》中也对个人信息保护规则、重要数据跨境传输等信息保护进行了明确规定。今后还需尽快出台个人信息和重要数据信息保护的详细规范性文件和解释性文件,加大执法力度,切实落实保护措施。

二、平衡知识产权保护和保护创新的关系

互联网知识产权保护的核心原则是利益平衡,应努力平衡知识产权保护与开源创新之间的关系。一方面网络环境下信息传播和获取的社会成本非常低,很容易导致创新活动的搭便车行为,知识产权通过对权利人专有权的保护,对企业创新活动形成巨大激励作用,必须确保通过知识产权保护激励企业进行创新的积极性;另一方面,需要顺应互联网精神对开放共享的需求,降低全社会信息成本,提高信息资源配置效率。应探索建立合理的"专有—共享"立体平衡治理机制,结合新的网

---

① 张效羽:《互联网经济对行政执法的挑战及应对》,《中国党政干部论坛》2016 年第 10 期,第 47 页。

络环境完善知识产权保护。改变现行法律中在电子商务纠纷或网络侵权纠纷中难以直接适用的问题,包括知识产权侵权认定的原则、法律使用、法院管辖权等。

具体来看,主要有以下几个方面:一是拓展网络版权的内容和范围。加强《著作权法》中对于网络传播作品的复制、发行、展览、放映、广播、改编、汇编等方面的规定和解释;二是建立规范的数字版权认证和授权机制。对数字版权资质的真实性、有效性进行指导和认证,并建立有效的版权授权模式为日益增多的版权交易服务,对版权权利人、版权管理机构及授权许可的范围等进行规范;三是加强对网络版权侵权管辖权的认定。2000年11月我国最高人民法院发布《最高人民法院关于审理涉及计算机网络著作权纠纷案件适用法律若干问题的解释》规定:"网络著作权侵权纠纷案件由侵权行为地或者被告住所地人民法院管辖,对难以确定侵权行为地和被告住所地的,原告发现侵权内容的计算机终端等设备所在地可以视为侵权行为地。"但这一规定在网络时代显得适应性不足,因为网络犯罪跨国性、跨地域性越来越强,很多行为并不依赖硬件设备,而是建立在云端等软件环境中,可以考虑把侵权被发现的终端IP所在地视为侵权行为地;四是精确限定阐释预防侵权行为。例如,《最高人民法院关于审理涉及计算机网络著作权纠纷案件适用法律若干问题的解释》指出,保护著作权法第三条规定的各类作品的数字化形式,还需对其是否原创或者是否复制等作出区分。[①] 同时,还应赋予版权人在网络条件下的复制控制权,建立规范的网络知识产权作品交换规则体系,对技术保护措施进行细化规定,明确网络内容和服务供应商的权责和义务。

---

① 马艺方、李本乾:《互联网时代版权产业的"专有—共享"立体平衡治理机制研究》,《现代管理科学》2013年第9期,第60页。

此外,我国与发达国家在知识产权保护问题上还存在着一定分歧,应积极参与网络经济的国际知识产权规则的制订,确保既可以在保护信息所有者法律权益的条件下利用全球信息资源,又可以防止发达国家制定过高保护标准造成高额的信息使用费。①

三、合理进行反垄断和反价格歧视规制

互联网经济头部效应非常明显,"赢者通吃"想象表现得比传统经济更为突出。以"BAT"为例,2015 年大约总共有员工 8 万人,创造了 2700 亿的收入,也即以不到行业 3% 的劳动力,创造了接近行业的一半收入。移动端的流量、广告位等互联网经济发展的核心资源更加集中到行业巨头手中,剩下的还被大型广告公司签了框架协议,中小互联网企业的发展越来越受到制约。

世界银行近日发布的报告《2016 年世界发展报告——数字红利》称:互联网经济的发展一是可能导致过度集中,滋生垄断。一些在线平台可以通过买断竞争者或者开发竞争性服务,迅速控制新市场,而当地的新创企业以及发展中国家的新企业,只能得到份额极少的小众市场。二是可能导致更严重的不平等。数字技术提高生产力,令许多工作自动化,但如果劳动者不掌握技术强化的那些技能,就会导致更严重的不平等,而非高效率。劳动力市场的两极化或空心化趋势明显,高技能与低技能岗位的就业比例提高,而中等技能岗位的就业率在大多数发展中国家都有下降。决策者必须鼓励人们提升技能,让所有人都能受益于数字机会。三是可能产生更强力的信息控制。互联网帮助消除提供服务的信息障碍,但如果政府依然不被问责,结果就是更强力的控制,

---

① 王文岩、孙灵燕:《网络经济对国际技术扩散的影响及对我国的启示》,《经济问题探索》2007 年第 4 期,第 172 页。

而非更多赋权与包容,因此必须加强政府的透明度与问责机制措施。

可见,互联网带来的不完全是数字鸿沟的消除和更加公平的市场竞争环境,可能反而增加差异性和不公平程度,因此,反垄断应该是对互联网经济进行规制的一项重要内容。

而另一方面,由于网络经济效应等新市场规律的存在,较高市场份额和垄断性市场结构的形成是互联网经济的内在特征。网络经济条件下产生垄断的原因主要有以下几个方面[1]:一是网络外部性的存在。拥有竞争优势的企业,当使用某种产品的用户超过临界容量时,由于网络外部性形成的正反馈,会自发地增加使用该产品的用户数量,市场占有份额急剧提高。二是技术创新。创新企业对潜在进入者形成较高程度的技术性进入壁垒,还可以采用新技术不兼容、垂直一体化、提前宣布新产品影响消费者预期等策略,操纵、控制行业市场偏向和消费者数量规模,进一步扩大市场所占份额,同时对消费者形成强烈的锁定。三是先行者优势。先进入市场的企业在价格、消费者偏好和忠诚度、转移成本以及路径依赖等方面都具有先行优势。四是细分优势。互联网经济时代专业分工越来越细化,企业在特定环节形成独特的核心知识和能力,使企业异质性提高,在某个环节实现垄断,获得持续的竞争优势。

网络经济时代的垄断是以技术创新为核心,在快速竞争中形成的。不过,这种垄断并不必然地抑制和排斥竞争,也并不必然地阻碍技术进步。因为互联网经济的快速迭代性和破坏式创新效应的存在,互联网经济中的市场垄断往往只是一种基于知识创新和技术创新优势所形成的暂时垄断,垄断者为了保持其垄断地位,必须不断创新知识和技术,改善产品功能和消费者体验。竞争及其知识和技术的创新是持续的、

---

[1] 尚新颖:《网络经济下的垄断的形成机理及特征分析》,《中央财经大学学报》2009年第1期,第61页。

必然的,竞争与垄断之间存在着一种双向互动、动态演进的激励机制。① 而且,互联网经济条件下的垄断是市场机制作用的结果,也可以主要通过市场机制来解决。一方面,信息和知识所固有的扩散性和共享性决定了任何一个垄断者都无法长期独占这些资源。另一方面,数字产品的特殊成本结构和独特的产品选择预期决定其具有独特的定价机制,垄断市场结构不一定带来垄断定价,产品价格主要依据客户对产品价值的评价和对产品的敏感程度。

在无法认定企业行为性质和垄断负面效应的情况下,如果过早过快、简单粗暴、不加区别地对互联网企业进行反垄断规制,可能对企业的技术创新形成较大限制,对处于成长期的互联网经济造成不必要的压制。面对垄断行为认定模棱两可的中间地带,在问题能够被清晰地界定之前,反垄断法应当保持适度的谦抑性。② 只要垄断没有以垄断性定价或其他行为侵害消费者的利益,也没有遏制市场竞争,那么市场集中度和市场份额就不应再是准确衡量企业违法与否的决定性因素,只是确定市场势力的标准而已。

但是,为了规范市场秩序和企业行为,对采取排他性交易等方式分割市场、限制竞争的行为采取必要的干预措施,用好以反垄断为代表的竞争调节工具。其中,对于全国性零售企业采取的带有地区差别特征的经营行为,可以根据实际情况加以规范和引导,消除由此带来的发展歧视。③ 政府对企业垄断问题的审查过程和定性判断也显得十分重

① 朱乾龙、钱书法:《基于网络经济的技术创新与市场结构关系分析》,《产业经济研究》2009 年第 1 期,第 54 页。

② 朱战威:《互联网平台的动态竞争及其规制新思路》,《安徽大学学报(哲学社会科学版)》2016 年第 4 期,第 126 页。

③ 谢莉娟、张昊:《国内市场运行效率的互联网驱动——计量模型与案例调研的双重验证》,《经济理论与经济管理》2015 年第 9 期,第 40 页。

要,要依据一定的市场规范予以划分,然后针对具体的垄断问题采取措施,对于由于行业或者产品自身的特点而形成单一竞争局面的企业,不能一味强调政府干预,政府干预的重点应在调节市场的范围内进行合理的管制。

政府对互联网经济的价格规制应主要针对自然垄断性质很强的行业,而在自然垄断性质较弱的业务领域,应加快市场竞争,根据供求关系由市场决定价格。价格歧视法律体系建设过程中应当充分考虑到互联网行业的以下三种性质①:一是互联网服务体系具有双边市场的基本性质;二是互联网服务具有免费的基础属性;三是互联网服务过程中具有的网络和锁定效应。

四、简化不正当竞争行为的判断标准

反不正当竞争规制也应该是加强规制的一项重要内容。在互联网经济的发展中,政府规制的目的主要是为市场主体创造有效率的市场环境和更公平有序的市场环境。如针对网络新闻、网络广告存在的失真问题,为保护网络用户及消费者利益,政府可以约束网站的新闻与广告发布行为等。但由于互联网行业具有高技术性、高创新性等特征,越来越多的新竞争模式和新商业模式出现,有些不正当竞争行为不易被识别同时无法纳入现有不正当竞争行为中进行规制,传统法律中对不正当竞争行为认定中必备的行为要件不一定能够一一对应,互联网不正当竞争行为的认定易面临新的困难。

政府应当依法对互联网行业的竞争行为进行必要限制,但必须简化对不正当竞争行为的判断标准。要树立以保护竞争机制为核心的不

---

① 傅萍:《互联网经济下价格歧视反垄断的国际经验及启示》,《改革与战略》2017年第 3 期,第 162 页。

正当竞争行为认定理念。只要能够确定其行为结果对互联网行业的正常竞争机制造成了破坏,即可以认为该行为构成不正当竞争。法律应该保护的是对竞争机制的维护,而非过多干涉其他市场交易行为。在尊重市场机制作用的同时,对破坏互联网竞争机制的行为予以严厉的打击,规范互联网经营者的经营行为,保证互联网行业竞争机制的正常运行。①

值得注意的一点是对知识产权滥用的控制。知识产权本身具有限制竞争的可能性,对于知识产权滥用的行为主要包括:拒绝许可和搭售以及高定价等。知识产权人可以借助专有权拒绝竞争对手对知识产权进行合理使用的许可,加强自身在行业内的垄断地位。在当前的欧美各国执法机构中,都一致认为对于损害竞争的拒绝许可行为必须追究其自身反垄断责任。

五、完善市场退出相关法律

对于互联网经济发展而言,由于产业快速迭代、市场竞争推陈出新,新生企业存续期超过 5 年的不超过 4%,因此,适应互联网经济的新需求,完善与市场退出相关的法律制度安排显得极为必要,尤其是破产法的经济功能使其对互联网企业的交易安排产生根本性的影响,是企业安排交易关系、进行法律权利结构设计的重要法律基础。破产法应关注互联网经济发展对债务人财产、债务人营业控制模式、破产所涉及的利益相关者等方面产生的影响,作出对应性的规则设计。加强破产风险处置的合理性,促进破产风险在利益相关者之间进行合理分配,加强防止欺诈与优惠性清偿的规则来保证债权人之间的公平。同时,司

---

① 傅熙:《互联网领域不正当竞争行为的认定理念研究》,《法制与社会》2015 年第 12 期(下),第 71 页。

法实践需要回应互联网经济发展的新趋势,从而降低破产程序成本,从根本上保护债权人权益。①

第二节　构建互联网经济多元化治理框架

多中心治理一般指在政治系统的特定范围内行使权威,对政务或公共事务作出有效的安排,以达到维护政治秩序和维护正义价值的目的。诺贝尔经济学奖得主奥斯特罗姆夫妇提出了将多中心思想扩展到政府公共服务的提供与生产领域,强调各个权利中心之间的平等性和互动性,鼓励权力分散、促进多极化管理、设立政府以外的多种形式的治理中心。延伸到互联网治理领域,菲利普·维埃尔(Philip J.Weiser)也提出建立公共机构与私营机构共同监管的模式是互联网监管向前迈进的最佳战略②。美国所提倡的基于自我调节的互联网自律的监管制度是自身历史和文化的产物,也不一定是普遍适用的,应发展更多元化、国际化的互联网治理机制③。可以由"共同管制者"共同承担,如共同市场监管部门、各具体行业主管部门、产业组织和协会、保护消费者和员工利益的机构等。多元化治理是互联经济治理的必然趋势,政府、市场和行业组织各尽其责、各施所长,形成协同治理的合作伙伴关系,建立起全方位、多元化、协作式治理体系。

---

① 贺丹:《互联网经济发展与破产法变革趋势》,《法学杂志》2016 年第 2 期,第 79 页。

② Philip J. Weiser, "The Future of Internet Regulation", *The Selected Works of Phil Weiser*, Vol. 16, No. 9, 2009, pp. 1–55.

③ Lyombe Eko, "Many Spiders, One Worldwide Web: Towards a Typology of Internet Regulation", *Communication Law and Policy*, Vol. 6, No. 3, 2009, pp. 445–485.

一、优化政府治理模式

从国际经验来看,互联网治理主要分为两种类型:政府主导型和政府指导行业自律型。① 无论哪种情形,政府都不会成为彻底的旁观者,区别只在于介入程度的深浅。

具体来看,政府作用需要更好地体现在以下几个方面:

(一)明确多元化治理主体责权利关系

政府、行业组织、市场主体成为互联网经济治理的共同主体,在确保实现政府公共性、集中性的同时,又充分利用市场的回应性强、效率高和社会组织的公益性、成本低的特点,综合多个主体、多种手段的优势,形成一种合作共治的公共事务治理新范式。② 而政府应该加强对多元化治理体系的战略性谋划,设计出整体构架,明确各方责权利关系,避免监管权责的交叉、错位、混乱。

在我国互联网经济多元化治理体系中,政府仍然应该起主导作用,制定科学合理有效的法律法规,依法规制互联网企业行为,打造健康有序的市场竞争环境,出台促进和激励市场创新的公共政策,为互联网经济的健康和可持续发展奠定制度基础。③ 作为第三部门的行业组织,主要通过行业规范等加强行业自律,制定行业标准提高行业发展质量,通过出台行业行为准则、企业社会责任标准等营造良好的行业发展氛围和商业伦理环境;企业既是被规制对象也是治理主体,在加强自律的

---

① 蔡翔华:《我国互联网治理的新思路》,《青岛行政学院学报》2007 年第 1 期,第59 页。

② 许尧、孙增武:《多中心治理:基层公共事务管理的深度创新》,《唯实》2010 年第 2期,第82 页。

③ 陈晓春、任腾:《互联网企业社会责任的多中心协同治理——以奇虎360 与腾讯公司为例》,《湘潭大学学报(哲学社会科学版)》2011 年第 4 期,第21 页。

同时,也要发挥信息优势、主体优势和专业优势积极参与互联网经济治理。

(二)完善互联网经济制度环境

政府监管机构应当加强对互联网经济发展的顶层设计和宏观指导,制定更加完善的法律法规,加强公共信息服务系统建设,加快健全包括认证、标准等在内的制度支撑体系。强化底线监管职能,加强在风险控制、知识产权保护、隐私权保护、互联网安全等方面的规制和执法。[1] 降低制度协调成本,建立政府、网络服务商、行业协会和网民之间的良性协商沟通机制,加强政策解释,利用现代化信息和网络手段加强政策建议和政策反馈意见收集,畅通多元化治理的参与渠道。

(三)合理优化政府内部治理架构

互联网治理政府规制架构的重塑,需要慎重考虑哪些规制任务或事项交由哪类专业的规制机构或司法机构,并进一步优化职能分工和职能设计,以更好地平衡互联网秩序和自由的需要。例如,国家互联网信息办公室作为国家互联网信息内容的主管部门,在互联网内容规制体系中地位日益重要,但其作为国务院的办公办事机构,本不应具有对社会事务的管理职能。因此未来在法律法规中明确其职权的同时,可以考虑将其明确为国务院的直属机构,改名为"局"或"部",改变其办公办事机构的性质。[2] 同时,应增进政府监管部门间的沟通,加强协调和合作,建立统一标准、统一接口、统一认证体系和及时互动的协调监管平台,避免多头管理和多头执法。

---

[1] 许圣荣、林海春:《创新网络经济监管模式研究》,《信息化建设》2010年第11期,第28页。

[2] 李洪雷:《论互联网的规制体制——在政府规制与自我规制之间》,《环球法律评论》2014年第1期,第118页。

二、发挥行业组织自律作用

行业组织自律是自我规制的一种。布莱克将自我规制划分为四种类型:一是委任型自我规制,指政府要求或指派一个集体组织,在政府确立的框架内设计并执行规范。二是认可型自我规制,指集体组织自身对规制进行设计但其要经过政府的批准。三是被迫型自我规制,这是指产业界自身设计并推行规制,如果不进行自我规制,政府就会推行法定的规制。四是自愿性自我规制,是指政府对自我规制没有直接或者间接的积极介入。[①] 在我国互联网经济行业组织的发展实践中,前三种规制方式较为普遍,而且发挥着越来越积极的作用,成为政府规制和企业自我规制之间的桥梁和衔接。

互联网经济行业组织和行业协会应充分利用行业管理资源和信息资源,发挥互联网的专业技术协作及管理职能,共同健全我国互联网行业政策环境。加快制定本行业规章制度,加强行业的有序竞争,提高行业自律水平。建立和完善互联网行业运行环境的安全保障体制,提高互联网运行危险源鉴别、风险评价、业务影响分析能力,构建互联网风险防范体系,保证基础设施安全、信息安全以及防止风险外溢。协调行业内部成员利益,做好成员之间的沟通工作,如定期召开行业成员大会、开设行业论坛等。帮助企业了解、吸收、消化和推广互联网相关的先进技术,制订适合我国互联网技术发展的行业标准。加强外部协调,及时了解有关的新规定和新政策,并及时在行业内通报和推广,同时积极向政府、网络运营商等利益各方发布本行业的发展信息和治理信息。

---

① Julia Black, "Constitutionalising Self-Regulation", *The Modern Law Review*, Vol. 59, No. 1, 1996, p. 27.

三、加强市场主体自我规制

互联网经济时代,市场失灵和政府失灵都表现得愈加突出,只有在非线性思维上才能构筑兼顾大小企业优势的网状企业结构,网络协同、合作性竞争正成为继市场规律、政府干预之后的第三种平衡力量,支撑着经济社会的发展。① 市场主体基于个体和联盟的自我规制在互联网时代的作用更加重要。

市场主体自我规制的优势主要包括②:自我规制主体拥有较高的专业技术水平、充分的"内部知识"和信息,使规制针对性更强、有效性更高,各国普遍采用技术过滤和内容分级手段,充分体现了网络时代"以技术对抗技术"的管理特点;可以依靠伦理标准、同行压力或自愿性的行为准则运作,更容易获得业界的自愿接受;作为私人组织,其在制定规则时不需要遵循严格正式的法定程序,具有便捷性和灵活性;自我规制的成本通常可以由被规制企业来承担,而不需要像政府规制那样由纳税人共同承担成本,更加公平合理;自我规制也可以作为一种制度试验,如果自制规则被实践证明有效,也有可能转化为国家的正式立法。

自我规制从性质上看属于软法谱系,但实施自我规制不仅应该是网络企业的社会责任,从某种程度上说也是"公法义务"。企业不能只享受互联网的自由与国家对互联网的放松管制所带来的红利,却不承担责任。因为互联网经济这些年的自由发展是以行政机关放松管制并

---

① 张韩、肖光荣:《网络经济及其经济规律的理论拓展》,《统计与决策》2009 年第 14 期,第 151 页。

② Robert Beldwin, Martin Cave, *Understanding Regulation*, Oxford University Press, 1999, pp.126-129.

承受互联网经济负面外部性为代价的。互联网企业应当承担自我规制义务，尽量减少自己经营行为的负外部性。互联网企业应当制定具有合法性、民主性的自我规制规则。合法性意味着自我规制不能侵犯平台商户为法律所保障的权利，民主性意味着通过民主机制而达成的商户与平台企业的共识。互联网企业也应该建立具有较为独立的纠纷解决机制与软法权利救济机制。① 当然，自我规制有效发挥作用需要一些前提条件，包括自我规制的内部动力，有权威和代表性的行业组织，自我规制的程序比较公平，提供外部参与的机会，政府的外部监督等。比如政府监管机构可以建立企业自我规制的检验评价机制，对自我规制的效果不佳并损害社会公共利益的企业实施严厉行政监管乃至法律制裁。

美国拥有全世界最顶尖的互联网公司，谷歌、微软、Facebook 等，但这些企业更像技术平台，对实体经济的直接撬动和对传统商业模式转型的推动都非常有限。而中国互联网企业的商业模式对于实体经济的影响，远远大于美国同行②。这就决定了中国企业的自我规制和自我服务在整个互联网经济发展和治理中可以发挥更大作用。

2015 年 6 月，国家发展改革委下发了《关于〈禁止价格欺诈行为的规定〉有关条款解释的通知》（发改价监〔2015〕1382 号），其中第十条最后一款明确了第三方网络交易平台与网络商品经营者的共同责任。2016 年 4 月，习近平总书记在网络安全和信息化工作座谈会上强调"网上信息管理，网站应负主体责任，政府行政管理部门要加强监管"。

---

① 陈国栋：《构建软硬结合的互联网经济自我规制机制》，《人民法治》2016 年第 8 期，第 26 页。

② 王如晨：《中美互联网经济发展模式比较》，《上海信息化》2015 年第 1 期，第 28 页。

7月,全国网信办主任座谈会决定以"重基本规范、重基础管理,强化属地管理责任、强化网站主体责任"为抓手,全面加强网站基础建设和管理。8月,国家网信办召开专题座谈会,就网站履行网上信息管理主体责任提出了建立总编辑负责制等八项要求。12月,"网站履行主体责任高峰论坛"在京举行。推动互联网企业承担主体责任,逐渐成为社会各界共识。

在实践中也涌现出越来越多互联网企业自我规制和服务的案例。例如,淘宝的"卖家服务商"为各类卖家提供了各种专业化、个性化、多元化的服务,而且"网商"联盟也开始从地区性表现为行业性,规模大的"网商"联盟开始提供各类商业培训、项目中介、营销推广、咨询策划等专业服务。①

四、积极参与互联网全球治理

互联网具有显著的国际性,既是全球化的集中体现,又是一种推动全球化发展的重要技术手段。互联网实现了全球互联互通,合作成为网络空间必然的治理方式。近十余年来,互联网规制已逐渐从一个国家的内部规制扩展到世界各国的规制协调、共同治理。在域名系统、数据保护、减少通信成本、提供税收的确定性、电子认证、知识产权保护、儿童保护等等方面,都需要国际合作和协调。各国围绕互联网的开发、建设、使用、管理等展开的竞争与合作也成为当代国际互动的重要内容。

发展互联网经济必须立足全球化视野,目前中国政府在进行互联网规制领域的国际合作和协调方面尚缺乏主动性,未来要通过国际知

---

① 胡桂兰、朱永跃:《网络经济下"网商"创业发展阶段研究——基于淘宝网的调查分析》,《江苏大学学报(社会科学版)》2010年第1期,第84页。

识产权组织、联合国国际贸易法委员会和国际劳工组织以及多边或双边协定等更高程度地参与互联网的国际治理。积极发起或参与多双边或区域关于互联网经济规则的谈判和交流合作,力争国际规制制定的主动权和话语权,简化境内互联网企业海外上市审批流程和境外直接投资外汇登记手续,鼓励互联网领域的跨境人民币直接投资;鼓励发展面向"一带一路"和金砖国家在互联网领域合作,建立政府、企业、专家等各个层面的对话机制,发起和主导互联网多边合作。[①]

近年来,网络空间出现了所谓的"国家的回归"和"再主权化",国家主权的理念与实践开始重新占据互联网政治的主流话语体系。[②] 越来越多的国家开始认同并接受主权国家对互联网的监管与治理。中国在互联网全球治理中也开始发出自己的声音。2015 年 12 月 16 日,以"互联互通、共享共治——构建网络空间命运共同体"为主题的第二届世界互联网大会在中国浙江乌镇开幕,中共中央总书记、中国国家主席习近平在大会上向全世界发出了共同构建网络空间命运共同体的呼吁,并提出推进全球互联网治理体系的四项原则:尊重网络主权,维护和平安全,促进开放合作,构建良好秩序。[③] 在全球互联网治理制度变革的关键时期,中国应该积极参与有关互联网制度变革的讨论,推动网络空间的法治化和治理制度不断完善,努力建立多边、民主、透明的国际互联网治理体系。加强我国在全球互联网治理体系中的话语权建设,既是为发展中国特色社会主义赢得有利国际环境的需要,也是积极

---

① 姜伟:《加快发展互联网经济》,《中国发展观察》2015 年第 7 期,第 25 页。

② 刘杨钺、杨一心:《网络空间"再主权化"与国际网络治理的未来》,《国际论坛》2013 年第 6 期,第 1 页。

③ 王春晖:《互联网治理四项原则基于国际法理应成全球准则——"领网权"是国家主权在网络空间的继承与延伸》,《南京邮电大学学报(自然科学版)》2016 年第 1 期,第 8 页。

推动形成互联网多边民主治理体制、维护全球和谐稳定的需要。[①]

　　未来,我国在全球互联网技术标准尤其是通信技术标准方面大有可为。2016 年 9 月,中兴通讯率先完成中国 5G 试验一阶段测试。11月,华为公司主推的极化码(Polar Code)被确认为 5G eMBB(增强移动宽带)场景的控制信道编码方案。标志着我国在未来全球 5G 标准方面已经占据领先地位。

第三节　加强互联网经济治理能力

一、优化治理技术环境

　　互联网大致在三个不同的领域需要治理:一是技术的标准化,涉及网络协议、数据格式等;二是资源的分配,包括域名、IP 地址、协议端口号等;三是人的行为,包括垃圾邮件、网络犯罪、版权和商标纠纷、消费者保护等。[②] 前面两者均属于技术层面。在 20 世纪 90 年代末提出的电子治理则认为,技术在治理中的应用不仅应供给公共服务,还应支持民主以及公共政策的制定等,还应包括电子参与(或电子民主)、电子规制、电子决策、电子服务和电子行政等。政府机构内部的结构重组和流程再造作为满足在线服务的基本条件也被纳入电子政务的范畴。

---

　　① 高莉娟:《全球互联网治理体系中的中国话语权建设初探》,《领导科学》2016 年第 2 期(中),第 13 页。

　　② 米尔顿·穆勒、约翰·马西森、汉斯·克莱因:《互联网与全球治理:一种新型体制的原则与规范》,《国外理论动态》2016 年第 9 期,第 71 页。

目前从政府的互联网经济治理技术来看，以下几个方面急需改进：

（一）加强互联网动态管理技术建设

互联网的普及使信息资源流动性极强，互联网产品和服务的提供对硬件设备的依赖降低，可以在云端"漫游"。而目前监管部门的互联网管理措施大多还是停留在传统经济和纸质时代的静态化、实物化管理。例如网站备案系统是静态收集信息的工具，已经难以适应技术发展的需求对网站进行准确定位。互联网的动态管理是针对现有网站管理方法的改进，除了要求在境内接入的所有网站必须进行备案、有域名或地址变动时必须及时更新备案信息之外，监管部门还要建立未备案网站搜索及验证系统。再如，加快网站隔离技术建设，为打击网络盗版、防止有害信息传播提供有效技术保障。

（二）完善互联网安全应急体系

互联网安全风险的突发性、蔓延性和破坏性对政府管理提出巨大挑战，建立互联网安全应急体系是加强互联网安全治理的必然要求。互联网安全应急体系应通过取消权限来控制非法入侵者的进一步行动，保障系统的机密性；建立必要的重发机制来保证信息传递的完整性；通过建立最小灾难备份系统，保证信息系统在受到灾难性攻击时基本可用；建立网络黑名单制度，将信息系统中多次出现破坏真实性的用户排除在信息系统的合法使用集合之外；通过创新防火墙等阻断技术来保障系统的可控性，及时隔离病毒的蔓延以及因网络流量异常而造成的网络拥塞。

（三）建立互联网经济预警系统

对互联网经济风险的控制不能亡羊补牢，必须未雨绸缪，最大限度地降低风险发生的可能性。建立互联网经济预警系统，需要对互联网经济风险程度进行划分和评级，针对不同的预警级别采取差异化的防范措施①。要建立有效准确的预警指标体系,预警指标的选取要有代表性、全面性和准确性;要加强与企业和行业组织合作,确保指标信息的及时性、专业性和有效性。预警信息要及时对行业组织、企业和互联网消费者公布,尽可能减小风险损失。

二、提高政府信息能力

国家配置信息资源的治理能力称之为国家治理中的"信息能力"。源自国内图书馆和情报学界对英文 Information Literacy 的翻译,即"认识到何时需要信息及准确定位、评价并有效利用所需信息的能力"②。互联网经济时代的信息能力与数据能力密不可分。"十三五"规划纲要提出实施国家大数据战略,把大数据作为基础性战略资源,全面实施促进大数据发展行动,加快推动数据资源共享开放和开发应用,助力产业转型升级和社会治理创新。

(一)提高信息获取、开发和利用能力

信息的获取、开发和利用是"互联网+"的核心或本质。在互联网经济条件下,尽管商业模式、交易方式和信息获取方式都在变化,但经济实质并未改变,经济信息由表层信息和深层信息组成,这就意味着信息不对称现象必然继续存在。整个社会的信息大约有 80% 掌握在政府部门手中,而且政府部门所生成和掌握的信息具有较高的可信度,具有引导行政事实行为、阶段性行政行为和观念通知行为的重要属性。③随着信息搜索、获取、存储、处理、分析、应用技术的全面成熟,信息的获

---

① 董玉春:《"互联网+"语义下网络经济与实体经济协调发展研究》,《中国集体经济》2016 年第 10 期,第 15 页。

② 徐仕敏:《国外关于信息能力的研究概况》,《情报杂志》2001 年第 3 期,第 99 页。

③ 张洋阳:《政府再造:"互联网+"图景下的公共服务机制研究》,《求知导刊》2016 年第 1 期,第 27 页。

取能力、连接能力、加工能力和利用能力将成为未来综合国力的新标志①，政府自身信息能力建设就显得格外重要。

（二）加强数据质量管理

我国数据质量问题一直是影响经济趋势判断、经济现状分析和经济风险管理的重要障碍，这个问题在互联网时代一方面由于信息来源的增多、信息能力的增强而得到某种程度的改善，另一方面由于人人都是数据源而使数据质量面临更大的不可靠性，甚至遭到恶意篡改，为不正当竞争或违法行为提供支撑。因此，政府必须加强数据质量管理，对数据进行甄别、筛选、检查，改进数据统计、分析的方法和技术，创新大数据自动检测和修复技术，为数据质量提供技术保障。还要将数据质量管理列入政府政绩考核体系，推动政绩观念转变，建立完善的检查监督机制，严惩数据造假和统计违法行为。②

（三）促进数据公开共享

与互联网相关的技术、应用、模式、政策创新都将围绕数据展开，数据也是互联网经济治理的关键基础，因此需要顶层设计开始构建统一的数据开放共享战略。基本目标是划清围绕互联网产生的各种数据权利的边界，政策选择是要实现数据资源配置的效益、安全和公平。数据开放共享既包括公共数据开放和监管数据的开放共享，也包括行业数据、企业数据的开放共享，实现数据开放共享的双向化和多渠道。

---

① 欧阳日辉:《从"+互联网"到"互联网+"——技术革命如何孕育新型经济社会形态》,《学术前沿》2015年第5期(下),第25页。
② 董立人:《智慧治理:"互联网+"时代政府治理创新研究》,《行政管理改革》2016年第12期,第33页。

三、加快信用体系建设

网络经济时代对企业的诚信提出了超出以往任何时代的要求。[①]由于互联网经济中政府、企业和消费者信息不对称问题愈发凸显,而虚拟交易的效率与社会的诚信水平密不可分。除了加快完善信用法律法规,拓展对信用信息的获取渠道,还要加快信用信息的开放和共享,建立覆盖所有企业及个人的信用体系。

(一)打破信用信息共享的部门壁垒

我国银行系统、工商系统、公安系统等宏观管理和监控部门都有各自的信用信息数据库,只是系统间的异质性和部门规定导致信用信息共享的障碍。可以在国家层面建立统一的信用信息平台,整合所有部门信用信息资源,对信用信息进行专业化和标准化的处理,针对不同规模、行业的企业可以采取不同的模板,既保证信用信息的完整性、针对性,又具备查询使用的便捷性。需要随时保持信息数据库的更新,定时删除大量陈旧过时的信息,并积极搜集最新信息,以保证信息库的及时性。加快对信用信息分级分类,明确哪些可以在政府监管部门之间共享,哪些可以对社会开放。

(二)加强与企业信用信息共享

以电子商务平台、互联网金融平台为代表的互联网企业掌握越来越多的交易信息和信用信息,政府监管部门可以加强与企业合作,共享信用信息,共同进行互联网经济治理,甚至在必要情形时可以强制企业向政府或行业协会披露部分信用信息。

---

① 王新平、万威武、苏秦:《网络经济时代"新质量"应具备的特征》,《统计与决策》2008年第1期,第182页。

（三）加强信用信息技术开发

在虚拟交易环境下，信息技术成为双刃剑，一方面带来经济业态和消费者选择的多样化、便捷化，另一方面也带来未知的技术风险和安全风险。在信用问题的解决上，也必须要有安全技术作为支撑，通过强化信息技术安全支撑体系的建设，来确保信用信息的准确性、真实性与安全性。[①]

第四节　创新互联网经济政策体系

按照洛伊（Lowi）的分类法，公共政策可以划分为规制型、分配型、再分配型和构成型政策。[②] 分配型政策致力于在社会中的分配权利，规制型政策则旨在减少或增加私人行为的可选范围。在互联网经济治理中，分配型政策的主要目的是为了促进互联网相关产业的发展，规制型政策的主要目的是为了保障互联网安全。创新互联网经济政策体系需要规制型政策和分配型政策相结合，在为企业创造健康有序市场环境的同时加以引导和激励，降低包括税收负担、融资成本在内的企业外在制度交易成本，激发市场内生发展动力。

一、财税政策

政府可以通过财政补贴、基础设施建设、加大公共服务力度等财政

[①] 陈俊杰：《政府监管治理视角下我国网络零售行业的信用问题》，《商业经济研究》2017 年第 5 期，第 105 页。

[②] Lowi T J, "Four Systems of Policy, Politics, and Choice", *Public Administration Review*, Vol. 32, No. 4, 1972, pp. 298-310.

政策,通过税收减免、税收返还等税收手段,创造相对有利于互联网企业创新的环境。从经济效益来看,政府通过实施税收减免和财政支持可以有效地缓解中小型创意企业资金不足的问题,有助于增加创新产品的供给,促进互联网产业的成长。

(一)财政政策

一是要继续加大网络基础设施建设投入。网络基础设施是互联网经济发展最重要的基础条件,在传统经济时期我们经常提"要想富先修路",网络基础设施就是互联网经济时代的"高速公路"。我国从 20 世纪 90 年代开始进行网络基础设施建设,至今已经取得了丰硕的成果。中国互联网络信息中心(CNNIC)在第三届世界互联网大会上发布《国家信息化发展评价报告(2016)》,报告指出中国在信息产业规模、信息化应用效益等方面获得显著进步,信息化发展指数排名近 5 年得到快速提升,位列全球第 25 名,首次超过了 G20 国家的平均水平。

但是由于我国幅员辽阔,地区间自然条件和基础设施初始条件差异较大,目前仍有 10% 的乡镇和村没有互联网。因此,我国仍要继续对网络基础设施建设进行投入,投入目标既包括对网络接入能力的提升,也包括网络国际出口带宽的扩展,以保障网络经济的发展运行基础。[1] 加快 TD-LTE 网络建设和 4G 业务发展,积极布局 5G 建设,优化数据中心、内容分发网络等应用基础设施布局,加强与水利、工业、交通、能源等基础设施的对接,提高互联网应用基础支撑能力。可以进一步打开思路,考虑以供给侧改革的思路调整国家基础建设方向,引导煤炭、钢铁、玻璃、水泥等存在产能严重过剩行业的资金进入互联网基础

---

① 王世波、赵金楼:《网络经济对我国国民经济发展的影响研究》,《经济问题探索》2015 年第 5 期,第 28 页。

设施建设领域,以解决当前产能过剩引发的困境。①

二是大力支持创客空间发展。借鉴美国的经验,创客空间对互联网思维的普及和互联网经济的活跃具有重要的孵化器作用。支持创客空间发展需要进一步加大简政放权力度,降低企业应对政府审批的交易成本和时间成本,对创客空间注册、登记、许可等事项开辟绿色通道。在财政政策方面为创客空间提供创业担保贷款、财政补贴、创业培训、重点扶持项目、收费减免等。积极支持孵化基地建设,并给予水电费、网络等补贴。对高质量和高水平创客空间、创客实验室建设加大财政支持力度,有效整合国内、国际创新创业资源。②

三是加大政府采购政策支持力度。政府采购是促使企业加快创新速度、减少研发时间、降低创新风险的重要途径。尤其是要加大政府对云计算、大数据等新兴技术和服务的购买力度,推进国家新一代信息基础设施建设工程。

四是适当加大对互联网企业的财政补贴力度。中央及地方财政可以通过设立产业引导基金等方式加大对互联网企业的财政补贴力度,科学确定重点支持领域和重点项目,以财政资金引导社会资金投资互联网经济发展。重点对电子商务科研创新、模式创新、产学研成果转化、中小企业电子商务应用、中小企业电子商务融资等提供支持。③ 同时要加强各级政府之间的协调,防止引导基金之间的"挤出效应"。④

① 包银山:《供给侧改革对我国互联网产业发展的影响》,《财经理论研究》2016 年第 6 期,第 55 页。

② 彭仁贤:《创客空间发展的中美案例对比研究》,《技术经济与管理研究》2017 年第 2 期,第 39 页。

③ 周子学:《信息网络经济下实体经济和虚拟经济的均衡发展研究》,《产业经济评论》2014 年第 3 期,第 11 页。

④ 马家兴、孙本芝:《我国互联网行业创业投资回报率及其影响因素分析》,《商业时代》2014 年第 31 期,第 73 页。

(二)税收政策

一是短时间内仍应坚持对互联网经济的税收减免。我国互联网经济虽然异常活跃,但仍处于发展的初期阶段,有必要继续实施一段时间的税收优惠政策。从技术角度来看,我国如果从现阶段开始就征收互联网经济相关税收,在技术上的实现性比较小,同时也将造成更高的征收成本。① 2015 年 5 月 6 日,国税总局在官网发布《国家税务总局关于坚持依法治税更好服务经济发展的意见》,提出要着力优化新经济和新业态发展的税收政策环境,深入分析电子商务、互联网+等新兴业态、新型商业模式的特点,积极探索支持其发展的税收政策措施,特别是对处在起步阶段、规模不大但发展前途广阔、有利于大众创业万众创新的新经济形态,要严格落实好减半征收企业所得税、暂免征收增值税和营业税等税收扶持政策,坚决杜绝违规收税现象。

二是立足长远,研究建立科学的互联网经济税收体系。有学者测算,2004—2014 年间我国网络零售的平均税收流失率为 12.4%,窄口径和宽口径下的税收流失规模分别增长了 314 倍和 522 倍。从税收流失的规模占整体税收的比重来看,2004—2014 年间分别上升了 1.23 和 2.952 个百分点。因此,从长远看,为了体现税收的公平性原则、为各类经济主体提供公平的竞争机制,在互联网经济发展相对成熟时,可以相机启动税收征管工作。可以考虑将"流量税"("Bit Tax",又称"比特税")作为互联网经济的主体税种,即对网上信息按流量征税,包括对网上数字化产品的交易、交换和服务进行征税。它最早是由加拿大税收专家阿瑟·科德尔提出,后经荷兰林堡大学卢·苏特领导的欧盟独立委员会于 1997 年 4 月提交的一份报告建议开征此税。全面完成

---

① 章润兰、周睿桐:《关于我国电子商务税收政策问题的分析与研究》,《现代商业》2017 年第 2 期,第 88 页。

"营改增"之后,可以考虑逐步降低生产与流转环节的税收负担,选择在最终消费环节对消费者征收"一般消费税或服务税",并将其作为地方税,不但可以解决网络交易导致的区域间的税收背离问题,还可以解决"营改增"之后中央财力过于集中,地方主体税种缺失等问题。①

三是加快税制设计思路改革。传统税制分门别类设计税目、税率,并细分不同的经济行为给予税收优惠。当出现新的经济活动类型,税制或税收政策针对性地跟进调整。这种思路决定了税制对经济活动的规范通常要相对滞后,互联网经济时代的税制设计需要跳出旧有"跟随式"调整的思路,改为以较宽泛的规则兼容各类新兴业态。如,可以削减"营改增"之后增加的税率档次,改变增值税复杂的税率格局,降低新兴业态划分适用税率的难度。②

二、金融政策

一是加大对互联网初创企业金融支持。互联网企业具有"无累积信用记录、无可靠销售收入、无有形资产"的特征,在创业初期往往需要私人募集、天使投资、种子基金和风险投资等多种类型资金的支持,才能得以度过创业期,甚至抢占技术先机。金融政策的调整对互联网产业呈现明显的积极影响,当增加金融机构向企业资金支持以后,企业大幅度增加研发投入,企业创新速度加快。国家应该积极支持企业创新,鼓励金融机构向企业研发投入倾斜,能够更好地服务于互联网企业创新。

---

① 郭沛廷、李昊源:《网络交易税收流失测度及治理路径的现实选择》,《经济问题》2017 年第 3 期,第 35 页。

② 李三江:《变革、挑战与应对——"互联网+"下的税收治理》,《税务研究》2016 年第 5 期,第 16 页。

二是充分利用互联网金融扶持中小企业发展。我国中小企业融资难融资贵问题是金融领域的痼疾,金融资源迫切需要向小微创业者和创新企业倾斜。互联网经济的长尾效应决定了为非精英群体提供金融服务符合互联网金融的内在要求,边际效益递增规律使小微金融服务供需模式进一步优化,使资金融通的时间、空间和数量边界得以扩展。互联网技术的发展有效降低了金融服务的成本,基于商业场景和用户需求的服务使互联网金融符合供给侧结构性改革的核心要义,增强了金融供给和金融需求的匹配度。利用互联网金融扶持中小企业一方面可以促进互联网金融的发展,另一方面可以更好地满足中小企业的资金需求,打好国民经济发展的底层基础。

三是积极促进金融对农村互联网经济发展的支持。农业生产方式和组织模式在互联网条件下产生了重大变革,物联网的应用提高了农业生产标准化程度,农产品生产的可视可控大大增强食品安全性,农村电商发展实现了生产者和消费者面对面。但农业和农村金融需求与小微企业有类似之处,额度小、风险大、抵押物缺乏,传统金融机构对其缺乏支持的积极性。为加大对农村互联网经济的金融支持力度,须加快金融市场开放,跳出政策性金融以政府为主的模式,允许和鼓励金融资本在为三农提供金融服务的同时获得合理的商业回报。同时,也可以利用互联网金融小、快、准的特点,对满足农村互联网经济的资金需求产生实质性推动作用。鼓励社会资本进入农村,依托互联网、大数据等为农民提供新型金融服务。加快农村互联网金融的产品创新、模式创新,充分发挥互联网金融多样化、个性化等方面的突出优势,做大农村金融市场。①

---

① 中国(海南)改革发展研究院经济研究所:《"十三五":以农村互联网金融为突破重塑农村金融新格局》,《北方经济》2015 年第 8 期,第 28 页。

三、产业政策

雅各布森(Jacobsen)指出,就产业的生态可持续发展而言,产业的外部环境比具体技术更加重要①。产业政策影响的是社会资源在产业间的配置,其目的是提高经济效率、促进经济发展。

一是直接干预型和间接诱导型产业政策相配合。根据实施方式的不同,产业政策的手段可分为直接干预、间接诱导两种类型。② 从产业层面看,互联网经济既包括网络基础设施、网络设备和产品以及各种网络服务的建设、生产和提供等经济活动,又包括网络贸易、网络银行、网络企业以及其他商务性网络活动。③ 既包括传统产业利用互联网技术和思维改造升级,也包括互联网直接催化出新兴的产业和新型的业态。新旧产业交织、经济业态繁多、不同类型风险交替出现,决定了政府必须创新治理思路,既需要以审批制、许可证制、政府直接投资等直接干预型政策,对互联网经济发展的资源要素进行合理分配,对运行态势进行实时监控,对与产业政策和法律法规相抵触的违规行为及时纠偏;也需要通过提供财政补贴、信息服务、融资支持等间接诱导型产业政策,诱导企业主动服从政府的互联网产业政策目标。

二是促进产业加快融合。日本学者植草益认为,政府规制缓和产业内竞争的加剧推进了产业融合的进程。产业融合必然会促进竞争的激化,导致企业演化出新的组织形式。互联网作用下的产业界限逐渐模糊,产业链被不断延伸。政府产业政策要放松部门性产业规制,打破

---

① Denmark K, Jacobsen N B.A, "Quantitative Assessment of Economic and Environment Aspects", *Journal of Industrial Ecology*, Vol. 10, No. 1, 2006, p. 239.

② 苏东水:《产业经济学》,高等教育出版社 2005 年版,第 285 页。

③ 张韩、肖光荣:《网络经济及其经济规律的理论拓展》,《统计与决策》2009 年第 14 期,第 151 页。

产业壁垒,促进产业开放系统的形成。产业系统开放性是指产业系统内部各要素能与外部环境之间进行技术、产品、企业等方面的互动,表现为企业可以通过网络平台获得外部的人力资源,通过跨产业并购、联盟、共享平台等方式促进知识和技术共享,打破现有产业系统的线性关系,并形成新的产业系统。开放系统一般具有自适应和自调节的功能,可以通过系统内部各子系统的不断调节适应环境变化。

三是积极打造"产业公地"。"产业公地"一般指多个主体共生共荣的一片产业园区,公地中一般包括大型企业、中小企业、政府部门、科研教育机构、行业组织等。各类主体聚集在一起,依托于一定的技术基础设施,对关键技术进行集体攻关,促进产业创新,提升产业生产能力,并通过知识扩散最终提升产业的整体竞争力。互联网"产业公地"的表征为:配套的现代服务业、高端制造业、基础制造业的产业结构匹配,通过产业间的协同,构建完善的基础设施,发挥经济的网络外部性效应。打造互联网"产业公地"需要放宽市场准入,消除区域壁垒,聚集优势资源,促进公开共享,通过公地溢出效应,加快形成互联网经济发展的区域"中心点"。①

四、创新政策

关于创新,最有权威的定义是由熊彼特提出的,他认为创新是实现生产手段的新组合。促进互联网经济发展需要创新政策作为支撑,鼓励技术创新、产品创新、生产方式创新、商业模式创新、组织模式创新。

一是促进产学研协同创新。长期以来,我国企业、高校、科研机构具有各自的管理制度和办法,彼此相互分割,产、学、研严重脱节。促进

---

① 黄志军、曹东坡、刘丹鹭:《互联网经济、制度与创新价值链——基于人力资本与制度发展指数的测度分析》,《经济理论与经济管理》2015年第9期,第26页。

产学研协同创新有利于对互联网经济发展相关资源要素进行有效的整合,增强创新主体的开放性。① 要进一步增强产学研协同创新活动的耦合性,实现技术、人才、资金以及信息资源的无缝隙、低成本对接,整合分散的科技创新资源。发挥政府部门在产学研协同创新中的引导作用,政府可以利用的公共信息参与创新,从而大大降低信息的不对称性,提高协调沟通效率,避免创新协作中的机会主义,降低交易成本。

二是加快建设国家创新体系。创新经济学家克里斯托夫·弗里曼在 1987 年出版的《技术政策与经济绩效——日本的经验》首次提出了"国家创新体系"的概念。他认为自由竞争的市场经济是不够的,需要政府组织有关研究机构、产业界、教育培训等资源形成具有战略重心的创新网络。国家创新体系是由公共和私人部门机构共同组成的网络,它们之间的相互作用促成、引进、改变和扩散了各种新技术,从而提高国家竞争力②。国家创新体系可以突破企业、行业、产业、区域、部门的边界,多个行为主体共同参与到技术创新过程中,创新行为和创新过程呈现出柔性网络化态势,网络整体创新优势得以提升。③

三是优化创新的科技基础。互联网的经济效益和产能像其他产业经济发展一样需要科技力量在背后持续推动,技术发展与互联网经济发展不仅呈现出整体上的一致性,而且还存在着阶段性的互动关系,并伴随着国家政策的制定和发展。④ 政府要在政策上给予有关科技型企

---

① 徐广林、林贡钦:《公众参与创新的社会网络:创客文化与创客空间》,《科学学与科学技术管理》2016 年第 2 期,第 11 页。

② Freeman C, *Technology Policy and Economic Performance*: *Lessons from Japan*, London Printer, 1998, p. 35.

③ 朱乾龙、钱书法:《基于网络经济的技术创新与市场结构关系分析》,《产业经济研究》2009 年第 1 期,第 54 页。

④ 戴德宝、范体军、刘小涛:《互联网技术发展与当前中国经济发展互动效能分析》,《中国软科学》2016 年第 8 期,第 184 页。

业、高校和科研机构更大力度的资金支持,解决科技研发所需资金量大、风险性高、回报周期长的问题。拓宽金融体系科技创新的新渠道新功能,为技术先进、带动支撑作用强的重大科技创新项目提供便利服务和支持。加大重大科技项目集体攻关,整合全社会优势资源解决互联网经济发展中的关键性技术瓶颈问题。

四是积极鼓励破坏式创新。克里斯坦森(Christensen)早在1997年就以创新环境的不同对创新进行了分类,分别是维持性创新和破坏性创新,发现技术创新过程具有破坏性与非主流性①。2015年他又运用破坏性创新理论对动力重构的企业微观基础进行了系统阐释,认为破坏性创新在本质上属于低成本质量升级竞争战略,依赖增值服务模式实现技能知识化和服务商品化来有效降低生产成本,但在破坏性创新启动的初、中期,企业只能依赖市场试错机制来消化营销、管理和研发等广义交易成本。破坏性创新不仅可以完成创新所必需的人力资本积累,还可以通过充分运用互联网技术和灵活的市场机制完善创新要素配置,有助于降低创新成本,成功解决利基市场创新动力不足的难题。由此来看,政府要鼓励企业进行破坏性创新:一是要降低制度性成本;二是要保持知识产权规制的谦抑性;三是促进市场试错机制的建立。

五、区域政策

一是深化互联网产业跨区域合作。在互联网经济形态的演进变化中,需立足产业转型升级和提速发展的要求,消除行业壁垒和区域壁垒,促进产业资源在更大范围和更大空间自由流动,扩大区域产业合作

---

① Christensen C.M, *The Innovator's Dilemma: When New Technologies Cause Great Firms to Fail*, Harvard Business School Press, 1997, pp.12-30.

格局,以在线化的大规模分工协作,深化产业跨区域协同发展,形成跨区域的互联网共享经济平台圈。①

二是重塑城市功能分工体系。城市集聚区是互联网经济空间分工比较理想的载体,要积极协调城市集聚区内城市功能分工,构建以产业链空间分布离散化为主导的城市互联网经济体系。② 按城市规模来分,中心城市可以更加注重技术领先型互联网产业发展,实现由要素驱动向创新驱动转变,并深度参与全球互联网产业价值链的高端分工,使其功能定位向全球性转变;中小城市可以发挥其人力资源、土地、制度等成本优势,充分利用中心城市技术创新和知识创新的空间外溢效应提升生产效率,并积极推进本地优势型互联网产业集聚区建设。根据各地互联网经济的资源禀赋和发展水平差异,明确不同层级城市的发展定位,实现中心城市与次区域在生产功能和服务功能上的有效衔接,构建多层次的互联网经济发展空间结构。

三是优化区域规划和城市规划。规划对经济发展和社会发展起着重要的引领作用。在互联网经济时代的规划中,应更加关注信息流与人流、物流、资本流之间的空间协调性和功能协调性。要加强互联网基础设施的整合规划,尤其是加快区域信息基础设施一体化的步伐,整合信息通信网络、交通、能源及物流等设施资源,强化对居民、企业和公共设施等要素流动的支撑。要根据互联网经济发展趋势合理引导混合用地的功能空间建设,引导商业中心向"智慧城市"综合体转变,通过智慧社区规划和建设来提升社区综合服务功能,并考虑互联网经济发展

---

① 施莉:《产业结构视角下区域互联网经济形态发展研究》,《技术经济与管理研究》2016 年第 11 期,第 115 页。

② 陈国亮、唐根年:《基于互联网视角的二三产业空间非一体化研究——来自长三角城市群的经验证据》,《中国工业经济》2016 年第 8 期,第 76 页。

对物流配送用地布局的需求,引导物流配送用地与居住、产业等用地混合布局。[①]

四是积极促进中西部地区互联网经济发展。政府应在中西部地区进一步加快信息基础设施建设,并提供类似"家电下乡"方式的激励方案,从而拓展互联网应用的广度与深度,防止"数字鸿沟"的产生。鼓励和支持中西部地区特色优势互联网产业发展,尽可能减小"红利差异",并加强中西部农产品产地集配和冷链等设施建设,完善中西部地区物流体系,加强交通运输、商贸流通、电商、快递企业等相关物流服务网络和设施的共享衔接,积极发展第三方配送和共同配送,提高流通效率。[②] 在充分发挥长三角、珠三角和环渤海等经济增长极龙头作用的同时,在中西部地区打造以西安、成都、重庆、武汉为中心的若干个城市集群,构建东中西互补性互联网产业分工体系。中西部地方政府还应充分把握互联网经济发展的边际收益较高的机遇期,加大人才的引进力度,创造后发优势的动力源泉。[③]

六、人才政策

互联网经济是创新型经济,经济增长从依靠劳动和资本投入的传统方式转变成依靠知识和技术投入的新型方式,人才是知识和技术的载体,人力资本是互联网经济的基础和主要依托。

一是依托高校培养高层次的互联网技术人才和创业人才。中国必

[①] 席广亮、甄峰:《互联网影响下的空间流动性及规划应对策略》,《规划师论坛》2016 年第 4 期,第 11 页。

[②] 黄卫东、岳中刚:《信息技术应用、包容性创新与消费增长》,《中国软科学》2016 年第 5 期,第 163 页。

[③] 黄志军、曹东坡、刘丹鹭:《互联网经济、制度与创新价值链——基于人力资本与制度发展指数的测度分析》,《经济理论与经济管理》2015 年第 9 期,第 26 页。

须注重互联网知识的教育和相关人才的培养,制定和实施符合网络经济发展要求的人才培养方案,培养和造就一支适应互联网经济发展要求的高层次人才队伍。① 发挥高校创新项目的孵化器作用,尤其是注重创新精神和企业家精神的培养,积极推行创客教育。可以邀请知名的企业家、行业专家、创业导师进行相关专题讲座与交流,科学、合理地引导高校学生参与创新创业实践,积极培养高校学生的创新创业意识和实践能力。

二是提升全社会的互联网知识储备和创新活力。互联网经济的发展应充分考虑高质量人力资本要素的作用,人才政策应充分把握效用工资理论的精髓,提升对人才创新的激励。加强在职人员继续教育,完善其知识结构,适应互联网经济发展需要。创造良好的人才环境和人才机制,吸引国外优秀网络经济人才,多方位交流,促进本国人才培养。普及网络经济知识,增强民众互联网经济意识及利用能力,为互联网经济发展持续打造规模更大、基础更广的人力资源池,以此推动整个互联网产业的制度创新、技术创新、管理创新和商业模式创新。

---

① 陈爱平:《网络经济的风险应对机制及发展对策》,《经济与管理》2006 年第 3 期,第 79 页。

第七章 案例研究:互联网金融风险治理

互联网金融的出现开启了普惠金融的新时代,一方面大大降低了金融服务和金融产品的门槛,使更多游离于传统金融视野范围之外的中小企业和低资产者增加了享受更全面、更便捷金融服务的可能性,另一方面由于金融和其他商业行为的高度融合,新的风险类型不断凸显,传统金融风险防范体系和监管模式难以适应新的需求,亟待对互联网金融的风险类型进行深入分析,并进行相应的金融监管模式变革,建立涵盖政府、行业、企业和消费者等主体的多元化互联网金融风险监管体系。

第一节 互联网金融风险的分类

互联网金融风险主要包括政策法律风险、监管风险、交易风险、技术风险、认知风险等类型,除了对互联网金融企业或客户本身产生直接影响外,其风险也可能传导至传统金融行业及实体经济。

一、政策法律风险

互联网金融监管政策的滞后、相关法律法规的缺位或不完善是造成这一行业风险积聚的重要外因。政策法律风险包括法律风险和政策风险两类。政策风险主要来自国家有关互联网金融政策调整带来的不确定风险。互联网金融属于新生事物,国家政策随着其发展阶段将不断发生变化,随着新问题的出现,政策规制的重点、方向、领域都存在着较大的不可预知性,从而增加了本领域的政策风险。法律风险主要分为两大类:一是刑事行政法律风险,二是民事法律风险,包括因触犯非法集资类犯罪或行政违法、非法经营类行政违法或犯罪及非法证券类行政违法或犯罪的刑事法律风险,或因交易结构本身所造成的各类民事法律风险,导致集团性诉讼案件爆发。

我国互联网金融法律法规缺乏统一的互联网金融法,即未法典化,同时,涉及的法律规范效力层次不高。我国现行的部分法律诸如刑法、商业银行法、证券法、反洗钱法、票据法等均与互联网金融活动具有一定的关联性,但法律条文呈现出分散、零星的特点,系统性较差,不同法律规定之间甚至存在冲突,导致实际操作难以执行。目前互联网金融专门规制手段主要体现为各部门的规章制度、指导意见或者管理办法等①,其中较为典型也暂为纲领的是 2015 年 7 月 18 日由中国人民银行、工业和信息化部、公安部、财政部、国家工商总局、国务院法制办、中国银行业监督管理委员会、中国证券监督管理委员会、中国保险监督管理委员会、国家互联网信息办公室颁布的《关于促进互联网金融健康发展的指导意见》。互联网金融属于新兴事物,本身还处在不断发展之中,新问题不断暴露,而相关法规政策在内容上大多具有应急性、滞后性、临时性的特点,属于"救火式"的规定,需要进一步提高预警性和指导性,法律效力层次也亟待进一步提高。

---

① 彭景、卓武扬:《我国互联网金融系统性风险的特征、成因及监管》,《互联网金融》2016 年第 10 期,第 3 页。

二、监管风险

监管风险主要来自互联网金融分业监管模式与混业经营模式的不匹配。跨行业、业务交叉性强等特征是互联网金融领域普遍存在的,互联网金融企业的经营范围可能既包括银行业务,也包括证券业务和保险业务,形成了几类金融业务以互联网为基础进行深度融合的模式。而目前中国金融业实行银行、证券、保险分业监管模式,本来就存在着九龙治水和监管真空现象(张晓朴,2014),互联网金融的混业经营模式进一步强化了监管风险,很多新兴业务类型和业务模式很难界定属于哪类金融监管机构管辖范围,互联网金融机构风险准备金、坏账率、信息披露、风险评级和出资人权益保护等内容也尚未纳入监管范围(杨群华,2013;闫真宇,2013),都可能导致监管风险加速交叉、聚集。

三、交易风险

交易风险包括交易系统风险和交易特性风险。交易系统风险是指诸如网络仿冒、病毒威胁、系统中断或其他不可预见的事件导致机构无法提供安全产品或服务,这种风险存在于每一个互联网金融产品或服务中。互联网金融交易风险产生于经济主体的决策,主要是由交易者之间的信息不对称引起的信用风险,当然还包括市场风险和流动性风险。

四、技术风险

信息技术风险在互联网金融中非常突出(阎庆民,2013;国家互联网应急中心,2014)。互联网技术本身就存在着技术风险,包括所信赖的信息系统的技术安全和技术容量、黑客攻击、密码泄露、账户资金被盗等。交易者身份和真实性难以确认,存在着较高的消费者信息泄露及受欺诈、诱骗等风险。与银行封闭运行的业务系统相比,互联网金融的用户敏感信息和个人财产存在更大的安全隐患(王峥,2014;黄海龙,2013),也加速支付、清算等风险的扩散(罗明雄等,2014;谢清河,2013),使得风险在非传统金融机构与传统金融机构之间出现转移。由于技术的领先性,互联网金融支付系统更快捷,业务发展更高效,风险传播速度也更迅速。纠错时间的大大缩短和纠错空间的大大降低给互联网金融系统性风险的防范增加了不小的难度。

五、认知风险

互联网金融创新之处在于创造了新的业务技术、交易渠道和方式,主要功能仍是资金融通、价格发现、支付清算等方面,但由于互联网拓展了金融交易可能性边界,大量传统金融覆盖不到的人群被纳入金融服务范围,这部分人群一方面风险识别能力和风险承受能力相对欠缺,个体和集体非理性更容易出现,提高了风险发生概率(谢平等,2014)。另一方面也更容易发生与认知相关的操作风险,也就是金融服务对象因技术知识缺乏带来的操作失误,如何改善操作上的简便性和安全性将是互联网金融风险防范的一项重要内容。

六、外溢风险

外溢风险主要是指互联网金融风险外溢到传统金融机构和实体经济。互联网金融的迅速发展已经对传统金融机构产生明显的冲击,加剧了利率提高和负债结构改变,放大了传统金融风险,而互联网金融与传统金融机构之间也没有建立有效的"隔离墙",而是呈现出越来越紧密的合作关系,风险传导可能性进一步加大。由于互联网金融与实体经济关系更密切,更多基于实际商业渠道和场景,不是起到简单的金融中介作用,而是与企业和个人建立了更加紧密的金融伙伴关系,因此,金融风险一旦发生,更容易传导至实体经济乃至整体宏观经济。

第二节 中国互联网金融风险的具体表现

一、第三方支付风险

第三方支付是指网络公司与银行签约后,运用计算机、通信技术建立的支付系统。2016 年,我国手机网上支付用户规模增长迅速,达到 4.69 亿,年增长率为 31.2%,网民手机网上支付的使用比例由 57.7% 提升至 67.5%。

第三方支付存在的风险主要有两个方面:一是经济关联性风险,随着网络消费规模的急速扩张,互联网金融规模快速膨胀,当第三方支付企业的用户达到一定数量、资金达到一定规模时,其与银行系统、实体经济的风险关联性会相应提高,一旦出现问题,可能引致系统性经济风险。二是技术安全风险,第三方支付中的用户信息安全和转账安全与传统银行相比有明显的安全性漏洞,审慎性大大降低。在用户注册步骤中,不少第三方支付企业只要求输入证件信息(如身份证号码)、银行卡号和账户密码,即可享受第三方支付服务,安全性要求远低于传统金融机构。出于资金划拨的便捷性和及时性要求,第三方支付转账过程大多仅需输入第三方支付密码即可进行在线资金划转,没有任何其他安全认证手段。甚至当用户网上支付密码丢失时,只需通过输入与银行卡绑定的手机接收到的动态验证码,即可重新设置网上支付密码,这意味着如果用户手机丢失，第三方支付账户安全甚至银行账户安全都将受到极大威胁。而且由于难以核实客户的真实身份，犯罪分子可能很容易利用第三方支付中的漏洞进行洗钱。大部分第三方支付平台并不采用现代电子客户证书等防钓鱼硬件工具，而是依赖于"异常行为分析"等软件技术手段，从某种程度上客户在划转大额资金时遭到钓鱼软件攻击的可能性要大于传统银行转账模式。

二、互联网货币基金风险

货币基金是指投资于货币市场上短期（一年以内，平均期限120天）有价证券的一种投资基金。其资产主要投资于短期货币工具如国库券、商业票据、银行定期存单、银行承兑汇票、政府短期债券、企业债券等短期有价证券。货币基金本来是金融市场中并不十分活跃的一个组成部分，自从货币基金与互联网结合之后，进入了蓬勃发展的时期，也体现出与传统货币基金不同的特点。蚂蚁金服旗下的余额宝是互联网货币基金的典型，是主要基于个人用户的一项账户余额增值业务。支付宝账户支付余额、储蓄卡快捷支付的资金可以直接转入余额宝账户，其收益率普遍比银行活期利息率高，而且可以随时取现或用于网上支付，体现出小、快、灵的特点。互联网货币基金将这些积少成多的资金进行其他理财、投资等活动，为客户提供投资回报。余额宝背后的天弘基金规模目前已超过1万亿，成为中国首家过万亿的基金。截至2016年年底，天弘余额宝货币基金主要配置了11.61%的债券、70.48%的现金和其他资产，现金资产的高额配置和传统货币基金相比，最大的区别就是资产结构。在互联网货币基金运营过程中，互联网本身并不具备资产管理的属性，而是一个销售渠道，对接货币基金、债券基金、股票基金、保险产品、理财产品甚至互联网P2P贷款，总之金融业务主要还是依托专业金融资产管理机构。

互联网货币基金的风险主要表现为流动性风险、外部环境风险和行业信誉风险。

一是流动性风险。对于货币基金最大的金融风险就是大额收回，因为传统货币基金主要以机构客户为主，集中赎回对基金运营压力巨大。而余额宝这类互联网货币基金以散户为主，集中兑付的风险明显减小。余额宝体现出典型的长尾效应，个人投资者占比高达99%，1000元以下的投资者占比70%，余额宝单日净赎回量从未达到1%，稳定性超出市场预期。但是，互联网货币基金同样存在流动性风险，主要来自同业协议，例如余额宝投资资产高度依赖银行同业存款，资产集中度过高。当资产价格跌落、投资者快速撤走资金时，也会出现资金赎回远大于申购的现象，需要提前支取银行协议存款，如果银行仍按协议存款固定利率给基金公司计算利息，风险实质上已经转移给银行，容易引发货币市场的大幅波动，甚至可能影响整个金融市场的稳定。在期限配置上，余额宝给投资者的收益是可以按日计提，而银行协议存款的周期却相对较长，这会带来较大的资产负债期限的结构性风险和流动性挤兑风险。同时，互联网货币基金产品大多还依靠利率管制的套利获利，但随着利率市场化步伐加快，一旦优惠政策取消，互联网货币基金很可能面临收益倒挂和流动性风险。

二是外部市场环境风险。良好稳定的市场环境相应会为互联网货币基金收益的稳定带来优势，但整个外部市场的突然走弱或货币政策的突然变化会带来互联网货币基金的巨额赎回现象。以美国互联网金融巨头 Paypal 为例，它也曾推出类似余额宝产品，与其收益挂钩的货币基金 2000 年的年化收益率超过了5%，但是 2008 年金融危机之后，美联储开始实行量化宽松的货币政策，大幅降低存款利息，以零利率刺激市场投资热情和刺激经济复苏,Paypal 货币基金产品的收益率直线下降,即使主动放弃了大部分管理费用来保持客户数量,仍然无法扭转局面,最终在 2011 年清盘该产品。尽管货币基金属于风险相对较小、安全性相对较高的金融产品,但货币市场出现违约带来的市场恐慌以及其后果仍然可能给投资者带来沉重打击①。

三是行业声誉风险。互联网金融在 2010 年之后才真正发展,属于新生事物,随着余额宝的成功,互联网货币基金产品近几年出现井喷式发展,同时也表现出野蛮生长的态势,产品质量参差不齐,问题产品和问题平台的陆续暴露会影响行业声誉,也会影响消费者的投资信心。另外,该领域靠夸大宣传、断章取义来吸引消费者的现象较为普遍,比如某个基金这个月涨了 5%、8%,就标榜其年化收益率如何之高,这是典型的误导消费者,因为大部分消费者不会仔细研究和分析几年期的净值数据或其他专业数据,靠短期数据来做广告无异于给投资者挖坑。从政策层面要进一步规范信息披露制度,让更多的投资者理解不同互联网货币基金产品的投资收益和投资风险,从而可以进行更理性化的选择,不能只讲收益、不讲风险。

三、P2P 网络贷款平台风险

P2P 网络贷款平台也被称作人人贷、点对点信贷,是一种个人对个人的互联网直接融资模式,借用第三方机构提供的互联网平台连接资金供给方和需求方,主要服务于个人和小企业。一般认为,P2P 网络贷款平台在我国是民间借贷的网络版,其同样是以信用贷款的方式将资金借给需要的人。P2P 网络贷款平台又可细分为三种模式:第一种是

---

① 廖愉平:《我国互联网金融发展及其风险监管研究》,《经济与管理》2015 年第 2 期,第 51 页。

没有担保的线上模式,如"拍拍贷"。类似于直接融资业务,网络平台并不提供担保,只进行资金借贷双方的中介服务,确保资金供需的匹配工作。第二种是有担保的线上模式,如"红岭创投"。这种互联网金融平台公司既是担保人,也是网络中介,还可以是联合追款人。由于互联网金融公司提供了本金和利息的担保,其职能类似于间接融资的金融机构。第三种是债权转让模式,如"宜信"。借贷双方不直接签订合同,而是由第三方投资人先借款给资金需求者,然后资金出借方把相应债权转让给第三方投资人;互联网金融平台公司可以多次引入债权,并进行债权拆分转让,最终实现撮合出资方和借款方的目的。P2P 网络贷款平台的优势在于降低了中间渠道交易成本,拉近了出资方和借款人的距离,实现了资金对接的高效。传统银行融资有一整套烦琐程序,而且对借款方抵押物等资质要求很高,无形中将轻资产型小微借款对象屏蔽在服务范围之外,造成两极分化,即大型国有企业和行业巨头成为银行争抢的对象,资金来源极为丰富,而小微企业贷款难、贷款贵成为普遍现象。P2P 网络贷款平台充分发挥了互联网金融"普惠"的特色,将小微借款群体纳入服务范围,同时程序更加便捷,借款人在平台发布借款信息,以招标形式召集投资者;同时,出资方也可以通过互联网金融平台寻找符合条件的借款人群,甚至可以明确资金需求方的具体信息和资金的具体流向,更好地行使出资人权力。

P2P 网络贷款平台的风险主要来自技术安全风险和信用风险。

由于大部分互联网金融平台是互联网公司而非专业金融机构,金融安全知识和金融安全技术手段比传统金融机构相对落后,而且大部分公司在安全技术方面投入远低于业务开发投入,因此网络金融平台较易遭受黑客的攻击,尤其是中小型平台在这方面的防御能力更弱。这些黑客攻击包括仿冒网页、金融诈骗、数据库盗取等,其结果可能会导致借贷双方客户信息泄露和财产损失,也会给互联网金融平台本身带来灭顶之灾。

从信用体系建设来看,欧美国家社会信用体系相对成熟,市场主体信息完善程度较高,为金融消费者进行消费决策提供了更可依靠的信用环境。而我国现有社会征信系统建设严重不足,金融消费者面临着信息不透明和信用信息缺乏的难题,面对着纷繁复杂、花样百出的 P2P 贷款平台很难作出合理选择,问题平台的出现也容易导致信任危机和风险聚集。

在激烈的竞争中,P2P 行业开始呈现出大浪淘沙之势。"爱投资"和"人人聚财"的普通融资事件相继发展成了"罗生门","红岭创"投更是爆出了 1 亿坏账的 P2P 纪录,最近 P2P 的发展可谓动荡不安。近两年来 P2P 问题平台和跑路数量剧增,这些恶性事件说明,这个新生事物并未形成健全的监管机制,立法约束机制尚不完善,运营的健康模式也尚未形成,只处在萌芽阶段,亟待探索发展。

幸而,监管层面针对 P2P 网贷行业暴露出的风险问题,及时出台了重要行业规范。2016 年 8 月 24 日,中国银监会、工业和信息化部、公安部、国家互联网信息办公室联合发布《网络借贷信息中介机构业务活动管理暂行办法》,P2P 网贷行业首部业务规范政策正式面世。《网络借贷信息中介机构业务活动管理暂行办法》共八章四十七条,采用负面清单制的监管方式,提出了 13 条禁止行为,包括不得吸收公共存款、不得归集资金设立资金池、不得自身为出借人提供任何形式的担保或承诺保本保息、不得发售金融理财产品、不得开展类资产证券化等形式的债权转让等。

四、众筹模式风险

众筹模式,是依托于互联网对大众进行资金筹集,即项目发起人运用互联网将投资人的资金进行整合,为小企业、项目或个人提供必要的资金援助的互联网金融服务模式。通过网络平台向公众展示创意及项目信息,使企业、项目和个人能够获得其所需资金。互联网众筹具有低门槛、多样化的特点,内容可以涵盖创业募资、科技发明、设计创作、艺术作品、社会慈善、灾情重建等领域,"集众人之智,筹众人之力,圆众人之梦"。从主体来看,主要包括项目发起人、跟投人(支持者)和平台。众筹平台主要分为四类:一是回报众筹(项目众筹),即投资者对项目或公司进行投资,类似于预付款的方式,获得以后的产品或服务。二是债权众筹,即投资者根据项目投资的比例获得相应比例的债权,未来依据债权获得收益。三是股权众筹,即投资者对项目或公司进行投资,相应获得一定比例的股权,属于广义的股权投资。四是捐赠众筹,即投资者对项目或公司进行无偿捐赠。

众筹模式的主要风险在于信息不对称风险。在传统资本市场中,筹资人的筹资资格和筹资用途要经过有关监管机构的严格审核,而互联网众筹平台对项目往往缺乏严格审核,更多依赖于项目发起人的描述,任意性比较大,难以保证信息真实性和准确性,近年来暴露的热点众筹项目问题大多来自于此。有些机构和平台利用互联网金融的法律灰色地带进行非法经营,甚至触碰非法吸收公众存款和非法集资的底线。从资金流向上来看,投资人所投资金缺乏第三方机构的监管,在投资项目获得全部目标收益之前,投资人很难了解资金的使用动向,因而无法保证资金安全,也有些筹资项目多时不见收益回报,投资者竹篮打水一场空①,项目发起人携款潜逃的案例也屡见不鲜。

---

① 胡坚:《浅析互联网金融风险及其防范》,《人民论坛》2016年第1期,第66页。

五、大数据金融风险

大数据金融是指集合海量非结构化金融数据,通过对其进行实时分析,为金融机构提供客户全方位信息,通过分析和挖掘客户的交易和消费信息掌握客户的消费习惯,并准确预测客户行为,使金融机构和金融服务平台在营销和风控方面有的放矢。目前,大数据在促进高频交易和信贷风险分析等方面促进了金融业务创新。一是高频交易和算法交易,交易者可利用硬件设备和交易程序的优势,快速获取、分析、生成和发送交易指令,在短时间内多次买入卖出,对冲市场风险,高频交易在证券行业得到越来越广泛的应用。二是信贷风险分析,传统金融机构的信贷风险控制主要依靠"历史数据",即借款公司的资产状况、负债状况、抵押物状况等,而互联网金融通过大数据分析可以掌握更多的"交易数据",收集和分析大量中小微企业用户日常交易行为的数据,从而掌握其业务范畴、经营状况、信用记录、客户满意度、现金流、资金需求等,很大程度上解决了小微企业贷款中的信息不对称难题。大数据金融能支撑更迅速、更灵活的融资决策,带来更贴近客户需求的产品创新。

大数据金融带来的风险同样不可忽视,其中最主要的是对个人信息的大量获取导致的隐私和安全问题。大数据技术的使用促进了金融市场的信息基础设施一体化,其开放性也日益提升,给个人隐私、数据安全和知识产权造成巨大的潜在风险,大数据对隐私的侵犯远远超出了常规身份确认风险的范畴。此外,基于大数据开发的金融产品和交易工具对金融监管也提出了严峻挑战。[1] 对隐私的保护,需要将大数据监管的重心,从数据收集环节转移到数据使用环节。任何企业或机

---

[1] 李淼焱、吕莲菊:《我国互联网金融风险现状及监管策略》,《经济纵横》2014年第8期,第87页。

构从人群中提取私人数据,用户都有知情权,将用户的隐私数据用于商业行为时,都需要得到用户的认可。

第三节　中国互联网金融风险的成因分析

一、制度性因素

良好的风险监控制度体系将有效降低互联网金融的各类风险水平。当前互联网金融存在的政策法律风险、技术风险、交易风险、监管风险和外溢风险都与互联网金融行业尚未建立起完善的风险监控制度体系有关。

(一)互联网金融法律法规不健全

当前,我国对互联网金融的立法工作还处于起始阶段,对于是否立法、如何立法还未形成统一意见。现有的《关于促进互联网金融健康发展的指导意见》只是属于行业性政策,未上升到法律层面,更遑论基本法。《国务院办公厅关于金融支持经济结构调整和转型升级的指导意见》等办法文件只是鼓励或扶持互联网金融的发展,《消费者权益保护法》《中国人民银行法》《电子签名法》《互联网保险业务监管规定(征求意见稿)》《非金融机构支付管理办法实施细则》等制度规范中与互联网金融相关条款更多着眼于规范某一方面互联网金融行业的发展。我国目前还没有完整的、基本的互联网金融监管的法律法规。包括关于互联网金融企业的准入和退出机制,尤其是缺乏针对互联网金融不同业态设定差异化的企业和投资者进入门槛和监管标准,正确处置被淘汰的互联网金融企业的市场退出问题同样关系到整个行业的健康稳定发展。互联网金融企业风险监管、业务开展和金融犯罪相关的法律法规亟待完善。

(二)金融分业监管体制不适应互联网金融混业发展

目前,我国金融监管实行分业监管,传统金融业的监管主体是"一行三会"。互联网金融的开放性和普惠性降低了其提供金融产品和金融服务的交易费用和进入门槛,使其能低成本地开展银行、保险、基金、证券等金融业务,实现一站式、多元化金融服务,混业经营成为互联网金融发展的普遍趋势。分业的监管制度使得互联网金融各业态的具体监管主体难以确定,或者面临交叉监管、多头监管的局面。例如,现有的网络第三方支付企业的经营牌照由中国人民银行发放,但第三方支付行业发展由银监会监管;网络银行涉及从第三方支付、网络贷款、网络投资理财甚至网络保险等业务,呈现高度交叉性,分属"一行三会"监管,面临着"多个婆婆"的尴尬。现有的金融监管协调制度或金融监管部际联系制度虽然能在一定程度上解决跨行业、跨区域监管的难题,但碎片化的协调机制难以本质上改变体制本身造成的根本性问题。金融监管体制的分业监管既难以适应传统金融业的交叉性金融业务创新和互联网化创新,又无法适应互联网金融一站式的金融服务模式需求。缺乏专门针对互联网金融行业的合理监管体系,使互联网金融企业风险治理缺乏外部约束力,用现有的金融监管体制监管互联网金融业极有可能导致效率低下、监管职能重叠和监管缺位。

(二)互联网金融企业的信息披露制度有待完善

及时准确地披露互联网金融企业的交易信息数据和企业相关数据有助于金融消费者、政府、第三方合作方和信用评级机构尽可能地了解、分析互联网金融企业的赢利能力、效率比率、杠杆比率和流动比率等重要数据。互联网金融企业在有效克服互联网金融企业和金融消费者之间信息不对称的同时,大数据技术壁垒也使金融消费者、政府监管部门相对处于信息接收、处理和交易的弱势方。目前,与互联网金融企业信息披露相关的法律法规有待完善。

(三)互联网金融企业风险内控制度不健全

金融是经济的血液,金融风险可以通过多种传导机制演变为经济风险,因此,金融监管中一项重要内容就是对金融机构的风险内控制度要求,金融机构必须通过监管机构风险压力测试评估。互联网金融企业也同样如此,应该有能力也有义务了解每一个业务环节具有的潜在风险,灵活运用风险对冲、风险分散、风险转移、风险规避和风险补偿等管理策略建立起完善的风险管理体系。而由于起步较晚、监管主体不明确、金融专业性较弱,很多互联网金融企业将主要精力放在市场拓展和经营赢利方面,风险内控制度存在严重缺陷。

二、非制度性因素

(一)大数据技术成为风险诱因

大数据应用技术具有明显的两面性,一方面是金融创新的基础,是互联网金融的比较优势,另一方面也是互联网金融安全风险、操作风险和运营风险的诱因。互联网金融企业通过将获取和挖掘的数据进行分类识别、标准化处理、建模和分析,可以为金融产品和金融服务提供信息支撑。但在数据收集、发掘和运用的过程中,在数据挖掘节点、数据传输节点、数据处理节点出现错误和损失的可能性也随之增加,由于互联网金融用户更加小而散、数据来源更加多元化,数据风险也比传统金融机构更高。另一方面,互联网金融企业更加依赖于计算机信息技术,既包括硬件设备(计算机、移动设备终端等),也包括软件设施(云处理平台、数据库、分析软件系统等),软硬件系统的问题也较容易引发互联网金融风险，造成企业和用户的财产损失，甚至产生风险外溢。

（二）资源禀赋良莠不齐

拥有资源禀赋的数量是影响企业互联网金融风险防范和处置能力的重要因素之一。互联网世界是典型的"赢者通吃"的世界，互联网金融企业拥有的资金实力、技术能力、数据来源、数据质量、发展理念、经营模式、人员素质等都对其风险控制能力有显著影响。目前较大的互联网金融企业，如蚂蚁金服（旗下包括支付宝、余额宝等）、百度金融、京东金融等已经发展相对成熟，基于集团整体发展的强大技术能力也更容易防范金融风险的发生。而很多初创型企业所拥有的各方面资源禀赋与龙头企业相差甚远，更容易形成风险防范的恶性循环。同时，互联网金融企业拥有员工的综合素质和道德水平也会影响潜在金融风险的出现及损失大小。

（三）信用体系不完善

不成熟的信用体系是互联网金融风险出现的又一原因。由于互联网金融业务的开展依靠更多在线模式而非面对面交易，对信用的要求和依赖要远高于传统金融机构。根据《个人信用信息基础数据库管理暂行办法》的规定，个人信用报告目前仅限于我国境内设立的商业银行、城市信用合作社等金融机构、中国人民银行及消费者使用，网络借贷中介等互联网金融服务提供商并非法定使用者。因此，即使在客户授权的情况下，目前互联网金融企业也难以获得有关客户在人民银行的征信数据，更难获得客户在其他领域的商业数据，这引致互联网金融企业和客户之间的信息不对称，人为造成了互联网金融的信用信息短板，增加了信用风险和道德风险[1]。成熟的市场经济国家都已经建立

---

① 李真：《互联网金融体系：本质、风险与法律监管进路》，《经济与管理》2014 年第 5 期，第 51 页。

了完善的社会信用体系,我国社会信用体系建设正处在不断完善的阶段,正在加快信用体系建设的立法,加强社会诚信体系建设的宣传和具体实施,建立讲诚信的社会道德体系,但目前社会信用体系建设的市场化程度不高。社会信用体系建设的主体是政府,但信用信息在政府部门内部共享还没有彻底实现,对市场主体开放更是刚刚起步,存在巨大的局限性。我国现存的个人征信系统、企业信用代码或企业征信系统仅在银行业金融机构中应用较多,且都是对结构化的个人和企业金融信息数据的挖掘,目前尚没有在全社会通用的挖掘、处理和收集结构化、半结构化和非结构化数据的互联网金融征信系统。此外,我国的信用体系发育程度较低,互联网金融参与者主体诚信度有待提高。① 此外,发达国家大多具有相对成熟的信用中介机构,而我国社会信用中介机构的发展缓慢,参与整个社会信用体系建设的融合度不高,缺乏完善的征信系统,也无法有效利用整个社会的信用信息资源②。

(四)消费者保护力度明显不足

2016 年 12 月 27 日,中国人民银行印发《金融消费者权益保护实施办法》,把金融消费者定义为"购买、使用金融机构提供的金融产品和服务的自然人"。但互联网金融消费者与传统金融消费者相比处于更弱势的地位。一是因为长尾效应,互联网金融服务具有更强的"草根性",例如互联网理财门槛已经由传统银行的上万元甚至上十万元降低到 1 元门槛,越来越多的普通人甚至经济底层人群成为互联网金融消费者,平均知识水平、理性判断能力、风险承受能力都低于传统消费者。二是互联网金融对技术的依赖性大大提高,在技术的包装下金

---

① 何文虎:《我国互联网金融风险监管研究》,《金融发展研究》2014 年第 8 期,第 45 页。

② 杨秋海:《互联网金融下的信用体系建设》,《征信》2014 年第 6 期,第 16 页。

融产品的种类更加繁多,而且"傻瓜式"操作的终端技术掩盖了金融产品和服务的复杂性,从一定程度上说信息更加不对称,提高了互联网金融消费者的风险指数。同时,由于用户基数的几何级数扩大,风险影响和风险关联性也会随之放大,一旦出现问题,影响的范围更甚于传统金融。而我国目前还没有针对互联网金融消费者保护的专门规定,网络平台的跨地域性与消费者维权部门的区域性归属形成矛盾,电子类合同和凭据保存方式明显有利于互联网金融平台,消费者面临举证难、维权成本高的问题。互联网金融消费者信息安全和隐私保护的问题也非常突出,用户输入的姓名、证件号码、银行账户、信用卡账号、密码、联系方式等大量敏感信息没有得到法律制度的有效保护。虽然 2015 年 10 月人民银行等发布的《关于促进互联网金融健康发展的指导意见》要求从业机构妥善保管客户资料和交易信息,不得非法买卖、泄露客户个人信息,但在实践中个人信息受到侵害后并没有相关补救措施。

为扩大互联网金融市场,各类互联网金融平台几乎都引入了不同类型的风险管控措施,部分保障了消费者的资金安全,但其中的不足与缺陷也较为明显。例如有的互联网借贷平台推出了"担保+P2P"的模式,即若借款方未能履行还款责任,担保公司将对未被偿还的剩余本金和利息承担连带责任。但担保公司不承担对消费者资金的监管责任,而且担保期限一般不包括资金的募集期,所以对消费者利益的保障存在着真空期。有的互联网企业实行风险备用金制度,例如"人人贷"推出的本金保障计划,当理财人投资的借款出现严重逾期时,"人人贷"通过风险备用金账户先垫付剩余本金或本息,但仔细分析其风险备用金账户资金使用的时间顺序、债权比例、有限偿付等规则,一旦面对数量庞大消费者的清偿请求,必然有一部分消费者利益无法获得保障。也有的互联网金融企业为消费者网络账户投保了盗窃险,如"余额宝"

承诺一旦消费者网络账户被盗,由保险公司承担100%的赔付责任,这是解决互联网金融风险的一个值得推广的思路,但由于此保险并非强制险,采用自愿投保方式,且险种单一、承保范围有限,很难全面、有效地保障互联网金融消费者权益①。

第四节　互联网金融风险治理的国际经验

由于互联网金融属于新生事物,各国对互联网金融的监管都处于起步阶段,未形成较为系统的监管制度体系。着眼于互联网金融快速发展的趋势及其业务风险特征,西方主要发达国家已开始加强和完善对互联网金融的监管,总体对其发展采取谨慎宽松的监管态度。

一、第三方支付监管

第三方支付最早被定义为"俱乐部商品"。赫什莱佛(Hirsheleifer)曾以"筑坝"的故事,以短板理论形象地说明坝体的安全不等于每个家庭为筑坝付出努力之总和,而取决于堤坝最薄弱的那家所付出的努力。瓦里安(Varian)则向前推进了一步,认为在每家各管一段、可能存在监管真空的状态下,必须有人充当监管者,确保整个堤坝必须达到最低安全标准。

近年来,美国和欧盟等国家和地区第三方支付的监管指导思想逐步从"自律的放任自流"向"强制的监督管理"转变。西方主要发达国家在监管目标方面具有高度的一致性,包括促进第三方支付手段和支

---

① 胡光志、周强:《论我国互联网金融创新中的消费者权益保护》,《法学评论》2014年第6期,第135页。

付体系的高效和安全,防范非法吸收公众存款、集资诈骗、非法发行股票债券等风险。大部分国家都坚持"审慎监管"原则,例如美国对客户沉淀资金的监管,要求第三方支付机构必须持有一定金额的担保债券或相应流动资产来保障客户资金安全;欧盟除了对电子货币机构的各类资金要求之外,还对其所能从事的业务范围及其投资活动进行了严格限制。但是,在审慎监管、确保底线的同时,大部分西方国家都尽可能避免过多的管制对互联网金融发展的抑制作用。美国对互联网经济一直持放松规制的态度,主张政府尽量减少管制,鼓励金融创新;欧盟也希望其监管框架在确保互联网金融稳健和审慎运营的同时,避免使监管措施成为金融技术和金融服务革新的障碍。

二、网络信贷监管

目前,各国对网络信贷的监管相对比较宽松,普遍缺乏硬性的法律约束,主要仍通过规范一般信贷业务的法律来对网络信贷进行规制。因为大部分国家网络信贷资本化和证券化程度都不高,而且与市场真实交易有密切关联。

2011 年 8 月 5 日,英国 P2P 金融协会成立,并于 2012 年 6 月正式出台了"P2P 融资平台操作指引",提出了协会成员应满足的基本原则。监管部门设置了一定的监管要求,成立网贷公司需要获得信贷机构牌照,但并没有最低资本金规模的门槛限制。从 2014 年 4 月起,英国将网络信贷纳入消费信贷市场的范畴,由金融行为监管局(FCA)依据《消费者信贷法》对网络信贷进行监管,监管的重点逐渐侧重于网贷平台的交易行为。

美国的网络信贷行业属于证券业监管范畴,联邦证券交易委员会(SEC)要求互联网信贷平台注册为证券经纪商,认定互联网信贷平台出售的凭证属于证券产品。SEC重点关注网贷平台是否按要求披露信息,一旦出现资金风险,只要投资者能够证明发行说明书中的关键信息披露存在着错误或遗漏,就可以通过法律手段追偿损失。美国成熟和完善的征信系统也对网贷行业发展起到重要的保障作用,机构凭借用户个人的社会安全号,就可以调用完整的个人信用记录,避免了类似我国互联网金融企业无法获取客户信用信息的关键性障碍,良好的信贷环境使得美国P2P网站可以较准确地评估借款人偿还能力,有利于网贷行业的发展①。

日本主要通过《贷金业法》《出资法》《利息限制法》等对非银行的民间金融公司资金借贷进行管理,主要也是用传统金融借贷机构的规范来监管互联网贷款平台,特别强调从业者的行为规范。

三、网络银行监管

网络银行,是指在互联网中拥有独立网站、利用网络设备和其他电子手段向消费者提供信息、产品及服务的银行。网络银行是互联网金融业态融合的产物,大部分网络银行进行互联网金融业务的混业经营,包括第三方支付、网络贷款、理财、保险等业务。网络银行按组成架构可分为纯粹型和混合型:纯粹型是指完全虚拟化的银行,就是我们常说的纯粹的"互联网金融",没有任何物理上的营业网点,除了实体的数据中心和办公场所外,几乎所有的业务都在线上进行。1995年成立了世界上第一家网络银行——美国安全第一网络银行。而混合型则是以传统银行为基础拓展网络业务的银行,也就是我们常说的"金融互联网",在业务范围上有的是提供一般的信息和通信服务或进行简单的

---

① 王达:《美国互联网金融的发展及中美互联网金融的比较——基于网络经济学视角的研究与思考》,《国际金融研究》2014年第12期,第47页。

银行交易,有的则涵盖所有的银行业务①。

与中国互联网金融的迅猛发展不同,西方国家大部分的网络银行是传统银行进行网上业务办理,而真正由互联网企业创办的金融类平台数量少、规模小,因此大多仍以原有的银行监管机构和监管范围为基础,只是加大了监管机构之间及与其他政府部门之间的协调,以应对跨区域、跨国界发展业务以及客户延伸所带来的监管规则冲突。在监管层次和内容上,主要分为两个层次:一是针对网上银行服务的企业级监管;二是针对金融安全的行业级监管。在监管模式方面,美国和欧盟分别代表两种模式:美国模式是延续了相对宽松的规制环境,以现有立法为基础,通过补充新的法律法规,尽可能使原有监管规则适用于新的网络环境,监管要求与对传统金融机构的要求类似;欧盟监管模式则更重视互联网金融的特点以及对新问题的监管,坚持适度审慎和保护消费者的原则。例如欧洲中央银行要求各成员国的监管机构对所有网络银行采取一致性监管原则,并要负责监督统一标准的实施,目标是提供清晰、透明的法律环境,监管重点集中在区域问题、安全问题、服务技术能力以及信誉和法律风险。

四、众筹融资监管

美国是互联网众筹的起源地,最早开展此类业务的是 Kickstarter,它打破了传统上依赖于风投等融资模式,使创作或项目的资金来源不再局限于传统金融渠道,而是可以来源于普通大众。美国众筹业务的发展创新,推动监管层于 2012 年通过了《创业企业融资法案》("Jumpstart Our Business Startups Act",简称"JOBS 法案"),而该法案

---

① 陈林:《互联网金融发展与监管研究》,《南方金融》2013 年第 11 期,第 52 页。

的出台,同时反过来又促进了众筹业务在美国的发展。该法案承认了众筹股权融资的合法地位,旨在通过放宽金融监管要求来鼓励美国小微企业融资,扶植小微企业成长并创造就业机会。在保护投资者权益方面作出了详细规定,对筹资者和融资平台也提出了相应要求。从业务准入、行业自律、资金转移、风险揭示、预防诈骗、消费者保护等方面对融资平台进行约束。

JOBS 法案推出的背景与我国互联网金融的发展背景非常类似,创业型中小公司通过传统金融渠道融资很难、融资成本很高,依托于互联网众筹等全新金融方式简化了中小企业的融资程序、降低了融资门槛、减少了融资成本,因此在金融实践层面大大促进了小微企业发展。该法案的主要内容包括以下几个方面:一是免除了非上市企业通过私募方式募集资金时不得公开宣传的限制,但同时要求参与其中的投资人均为认证投资人,且不会因为公开宣传而被视为公开募集。二是放宽信息披露义务,使小企业上市更为便捷。例如,允许新兴成长型企业在递交上市申请时仅提交前 2 年的审计后财务报表,而不是此前要求的3 年,同时此类企业上市后给予 5 年的信息披露要求方面获得豁免期限。三是允许新兴成长型企业每年通过网络平台募集不超过 100 万美元的资金,但同时也对投资人、中介机构以及发行人提出相应要求。JOBS 法案为中小企业开拓了新的融资渠道,也直接将民众与非上市企业进行对接,拓展了民众的投资渠道,使他们可以分享创业企业成长收益。[1] 然而,美国互联网众筹在项目前期筛选、项目审核等管理上并不完善,仍然存在虚假的项目信息难以审核、后期项目难以维持等问题。

法国众筹机构具体业务和运作形式多样,主要涉及法国金融审慎

---

[1]　孙永祥、何梦薇:《我国股权众筹发展的思考与建议——从中美比较的角度》,《浙江社会科学》2014 年第 8 期,第 146 页。

监管局(ACRP)和法国金融市场监管局(AMF)两个监管部门的监管。法国财工部目前正在研究众筹行业法律框架,如果颁布实施,法国将成为第一个拥有众筹行业监管法规的国家。[①]

意大利是世界上第一个将股权众筹合法化的国家,主要原因也是为了解决中小企业的融资难问题。2012 年意大利颁布了 Decreto Crescita Bis 法案。该法案最初将股权众筹局限于最需要资金的小型公司,存续时间超过两年和年产值超过 500 万欧元的公司不能通过互联网众筹平台进行股份发售;募集资金中 5% 必须来自专业投资者或在意大利证券交易委员会(CONSOB)注册的特定投资机构;最大募集额每年不应超 500 万欧元;该法案还要求众筹平台必须在 CONSOB 注册登记,主要管理人员必须有金融领域的专业知识背景。所有投资者都必须在欧盟金融工具市场法规(MIFID)的要求下进行投资,但对小额投资设有豁免条款。为了鼓励投资者参与的积极性,该法案还提出了投资众筹税收减免的奖励措施。之后 2015 年的新法案(Law Decree n. 3)中,进一步放宽了参与者的限制,只要所投资的企业属于欧洲经济区,并注册成为"创新型新兴公司或创新型中小企业",则风投公司和集合投资项目就被参与到互联网众筹融资中,这一新规定拓展了股权众筹的范围,不再仅仅局限于新兴企业,有新产品开发计划的中小企业也可以通过互联网众筹模式进行融资。

面对股权众筹愈演愈烈的趋势,日本社会的反应较为保守和迟缓,融资活动主要依赖于银行等金融中介机构进行。相比于产品类的互联网众筹,日本的股权众筹发展阻碍更大,主要受制于之前以控制风险为主的法律规定,如《金融商品交易法》中要求投资类众筹平台必须接受

---

① 魏鹏:《中国互联网金融的风险与监管研究》,《金融论坛》2014 年第 7 期,第 3 页。

日本证券业协会规则的限制,并需要提交专业的证券申报书,或者进行严格的金融商品交易者注册。近几年日本开始探索放宽股权众筹限制,2013 年 12 月日本发布了《金融审议会针对新创企业和成长企业的风险资本供应现状等的相关工作组报告》,提出解禁股权众筹。2014年 3 月,《金融商品交易法等部分修改法案》出台,开启了互联网金融监管制度改革。该法案放宽投资者准入条件,对通过网络进行有价证券交易的公募或私募机构以及小额投资的股权众筹从业者等进行了界定;规定股权众筹平台必须向交易者提供必要信息、对融资企业和项目进行审核、建立信用记录等。强制规定无论是否加入日本证券业协会协会,都要适用协会规定,但各方参与者可以自主决定信息披露形式等具体问题;在股权众筹股份的流通方面,法案规定投资者股东可以根据自主制定规则,在交易所上市之前可以在有限的范围内进行买卖而不受内幕交易规制的约束①。

五、金融大数据监管

2008 年全球金融危机过后,美国在推动宏观审慎监管改革过程中开始更加强调微观金融数据的重要性。2010 年美国通过了《多德—弗兰克法》,该法案授权美国财政部组建金融研究办公室(Office of Financial Research),主要职能是制定微观金融数据收集和数据统计标准,并开展金融分析,为美国的宏观审慎金融监管提供支持。在金融研究办公室的大力推动下,美国开始探索利用大数据金融的理念和方法加强宏观审慎监管,其中,建立微观金融数据基础设施(Data Infrastructure)被列为首要任务。为了降低跨部门的金融风险管理,2010

---

① 李朵、徐波:《基于国际经验对我国股权众筹监管制度的研究》,《浙江金融》2015年第 6 期,第 21 页。

年11月,美国金融研究办公室提出了建立金融市场法人实体识别码(Legal Entity Identifier,LEI)系统的设想:为所有金融法人实体分配数字化身份识别码,并制定标准化的数据报送与分享准则。在美国的推动下,很多发达国家已经开始在相关领域的金融监管中推广 LEI 编码的应用,全球 LEI 发码总量截至 2015 年 2 月已逾 30 万个。2013 年 12 月,美国金融研究办公室提出了构建"住房抵押贷款识别码"(Mortgage Loan Identifier)方案。希望通过标准化编码技术,建立金融机构和金融产品编码系统,追踪衍生金融产品的原生资产,实现对金融风险的跨部门乃至跨国监控和动态管理,大大提高金融市场的透明度和有效性。美国还对大数据技术在金融风险管理方面的运用也进行了积极的探索。例如数据可视化分析(Visual Analytics)技术,可以通过具有交互功能的视频界面实现分析推理,使类别庞杂、数量巨大的金融数据以图片的直观形式更加有效地展现、分割、组合、分析,更好地为金融决策提供参考①。

六、消费者权益保护

英国在保护互联网金融消费者方面的实践比较丰富。与美国类似,英国一方面对互联网第三方支付机构专门制定了反不公平契约条款法 1977(UCTA),以及消费者合同不公平条款监管规则 1999(UTCCR)等,并将消费者信贷法案(CCA)适用于互联网金融业务,规定互联网金融企业对消费者遭受的违约或失实陈述的损失需要承担赔偿。另一方面,从金融监管的角度分析,英国并没有将第三方支付机构纳入金融监管的范畴。欧盟 2000/12/EC 指令其将信贷机构表述为:"'信贷机构'意味着一个承诺其业务是从公众接收存款或其他须偿还

---

① 王达:《美国互联网金融与大数据风险管理》,《互联网经济》2015 年第 6 期,第 26 页。

的资金,并且对它拥有的账户授信"。虽然 PayPal 等第三方支付机构的经营方式与银行有一定的相似性,但英国唯一能够授权经营存贷业务的机构——金融服务管理局(FSA)认为,其经营活动并不完全符合上述有关存款的定义,因此要被列在监管计划之外。不过,2004 年 2月欧洲 PayPal 被英国 FSA 授予电子货币机构(EMI)资格。

国外保护互联网金融消费者权益的做法大致如下:一是依靠健全的社会信用体系。发达国家的社会信用体系包括个人和企业的信用体系建设都相对比较健全,而且信用信息公开共享程度较高,不仅实现不同监管部门之间的共享,而且很多市场主体通过申请或更简易的程序就可以获取个人和企业的信用信息,大大降低了互联网金融的信用风险,同时可以更好地保护互联网金融消费者。二是加快完善互联网金融领域的法律法规,一旦消费者权益受到侵害,很快能够获得及时、有效的救济。发达国家往往通过加强格式合同的法律控制保护消费者的合法权益,防止经营者利用其优势地位,在格式合同中设定不合理的条款,侵害消费者的利益。三是注重判例法的保护。大部分发达国家属于判例法国家,对于互联网金融这样的新兴事务,司法判例就显得格外重要,可以成为后续案件和法律修改的重要基础。发现对于互联网金融消费者的保护最大的缺陷在于监管的缺位,放松监管一方面鼓励了金融创新,但另一方面使得互联网金融消费者只有在权益遭受侵害时才能获得相应救济,而无法在事前获得主动保护,预防性和警示性大大降低。

第五节　完善互联网金融风险治理体系

互联网金融具有互联网与金融的双重属性,而两者却有着截然不同的行业精神：互联网精神主张"开放、平等、协作、分享"；金融的精神则表现为"责任与稳健"。前者注重开放与创新，后者注重风险和规则（规矩）。因此，如何在两者之间建立一整套平衡的规则，是互联网金融法律监管所面临的巨大挑战①。

互联网金融监管不应走政府作为唯一监管主体的单一化道路，而应尽快建立和完善政府监管、行业自律、企业内控、消费者保护四位一体的多元化互联网金融风险防控体系。

一、加强政府监管

（一）改革政府金融监管模式

要加快改革金融监管模式，对互联网金融实行综合监管、分级监管、分类监管和定位监管。

一是加强综合监管。短期来看，在当前"一行三会"的体制框架下需要对互联网金融涉及的金融创新和金融新业态尽快明确分管责任，尤其针对责任归属不明的互联网金融业态尽快定性并指定监管机构，出台监管细则，尽可能减少监管越位和缺位；长期来看金融监管体制应适应金融业混业经营的发展趋势，逐步实行统一管理体制，过渡到"一行一会"②，成立中国金融监管管理委员会。

二是加强分级监管。针对不同类型的经营者，针对公司治理结构、技术能力、风控能力、风险水平、合规状况等指标进行全面评估，提出差异化的监管规则和监管强度，明确国家级、省级、市级、县级金融监管机构各自监管重点和对象。

---

① 董鹏、李庆保：《中国互联网金融风险及监管对策研究》，《北方金融》2014 年第 11 期，第 10 页。

② 曹凤岐：《互联网金融对传统金融的挑战》，《金融论坛》2015 年第 1 期，第 3 页。

三是加强分类监管。对互联网金融企业进行合理分类,例如对具有金融中介功能的互联网金融企业规范监管,使其符合金融机构准入条件,发放金融牌照,纳入银监会、证监会、保监会等金融监管机构的管理框架之内。对不具有金融中介功能的互联网金融企业支持其创新金融服务模式,鼓励发挥综合的金融服务优势。

四是加强定位监管。就是在多层次金融结构体系框架下,清晰划分互联网金融机构、商业银行等各种主体在金融体系中的位置,明确各自经营领域和范围,包括对互联网金融业务标准进行定位,对虚拟货币、虚拟信用卡业务使用范围、额度以及对转账、支付、借贷等额度进行界定等。

(二)加快法律法规建设

互联网金融涉及的法律问题十分复杂和广泛,包括市场准入与退出、监管主体及其权责分配、金融消费者权利的保护、网络系统安全以及网络犯罪等方面。互联网金融发展离不开法律的保障,需尽快完善互联网金融相关基础性法律的立法及配套法律体系。

从法律基础层面看,要建立完整的互联网金融法律体系。首先,应从法律层面界定互联网金融范畴,厘定发展方向,明确行业准入门槛,明晰各交易主体权利和义务等。其次,国家立法机关应考虑修改《刑法》《公司法》《商业银行法》《票据法》等相关规定,条件成熟时制定《互联网金融消费者保护法》,并出台有关司法解释,为互联网金融发展创造宽松法律环境。最后,加快制定互联网金融相关的部门规章和国家标准。立足互联网金融发展战略,协调相关部委出台或完善有关制度,并发布网络金融行为指引和国家标准。

具体来看,急需加快完善以下几种类型的互联网金融法律法规:一是市场准入和退出相关规定。可以根据风险的大小和类别并设置差异化的行业和投资者准入门槛及监管标准,同时制定系统安全、信息保护等方面的关键技术标准。尽快完善市场退出机制,审慎处理互联网金融企业的破产问题。二是互联网金融不同业态的法律法规。包括网络银行的客户确认、合同约束、证据保存、纠纷解决等机制,互联网理财方面的交易主体认证、交易信息披露、交易结果归属及银证对接等问题,第三方支付方面的服务商法律主体地位、信用体系和支付标准等。三是保护金融消费者权益的法律法规。加快互联网金融消费者保护立法,对信息披露、消费者个人信息保护、风险分配和责任承担等问题进行更符合互联网金融特点的规定,同时在消费者协会下设立专门的互联网金融消费者权益部门,负责互联网金融投诉纠纷的处理。四是打击互联网金融犯罪的法律法规。加大《刑法》对破坏互联网安全犯罪的处罚力度,对现行的集资诈骗罪、贷款诈骗罪进行修改,不要求必须以非法占有为目的,可以考虑增加以单位为贷款诈骗罪的犯罪主体[1]。

(三)加强以“穿透式”监管为特色的专项整治

在金融体制改革短期内难以实现的情况下,针对“病灶”的专项整治更是当务之急。针对近两年互联网金融领域的野蛮生长和问题平台丛生现象,2016 年以来,在全国范围内启动有关互联网金融领域的专项整治,P2P 网贷机构数量已经从 3000 多家下降到 2000 家左右,问题平台数量大大下降。2016 年 10 月 13 日,国务院办公厅公布了《互联网金融风险专项整治工作实施方案》,明确了专项整治四大重点领域,即 P2P 网络借贷和股权众筹业务、通过互联网开展资产管理及跨界从事金融业务、第三方支付业务、互联网金融领域广告等,为专项整治奠定基调和方向。

---

① 任祥玉:《简论互联网金融风险的法律规制》,《重庆科技学院学报(社会科学版)》2014 年第 4 期,第 42 页。

"穿透式"监管将成为互联网金融监管的一大特色,《互联网金融风险专项整治工作实施方案》在工作原则中称,"采取'穿透式'监管方法,根据业务实质明确责任"。简单而言,"穿透式"监管就是"透过现象看本质",穿透金融产品的"隐形斗篷"确认其业务实质,将资金来源、中间环节与最终投向穿透连接起来,并根据业务功能和法律属性明确监管规则。"穿透式"监管将更有助于厘清合法与非法、合规与违规的边界,有利于去伪存真、甄别良莠并防止金融市场的劣币驱逐良币,有利于在分业监管现状下实现金融监管的全面覆盖和无缝衔接。

(四)建立和完善征信体系

从互联网金融的发展实践来看,信用体系的不完善和不公开是明显的短板。首先要建立更加完善的信用信息征集、储存机制。中国人民银行的信贷登记系统,已记录了我国85%的信贷业务数据,可以以这些系统数据为基础,将我国各个经济部门分散的信用数据资料进行整合、完善。数据是征信的前提,加强大数据技术应用及信息化建设,可以更便捷、更低成本地搜集、储存互联网金融企业及用户的消费、借贷、社交等相关数据。互联网征信能准确契合互联网金融具备的特性,克服传统信用评估公司的缺陷。当融资方可搜集采用的数据逐渐增多,互联网征信公司就可以更加容易、准确并且成本低廉地评估融资方。[①]

其次要加快建立信用数据共享机制。当前信用信息主要集中掌握在公安、银行、工商等公共部门,为了实现信用数据库的全面开放,应该加快建立信息共享制度,对信用信息进行分类管理,明确规定哪些类别的信息可以在公共部门内部共享,哪些类别的信息可以对部分具备资

---

① 余致远、吴洪、胡春:《信息空间、互联网金融与监管》,《北京邮电大学学报(社会科学版)》2016年第4期,第43页。

质的市场主体开放并规定其使用范围,哪些类别的信息可以向社会免费开放。

再次,要建立完善的信用中介体系。中介组织在社会和经济发展中发挥着重要的作用,促进信用中介制度的建设能够为信用体系建设奠定基础。要建设完善的信用担保系统,实行严格的银行信贷登记制度,不断完善中小企业的信用担保等功能,同时也要注重对民间信用信息的征集与管理,建立起数据库系统,逐渐将信用的记录、查询以及评价等内容在一个信息系统中实现,为信用评估工作开展提供一定的数据基础[①]。加快发展类似美国 FICO 的专业第三方信用评级机构,由社会征信机构对信用信息优化整合,负责信用记录、征集、调查和评价等,为中小企业建立信用档案,作为其获得贷款、担保等的依据[②]。信用中介需要将信用评价结果向政府部门和金融部门公开,为相关的信用评估工作开展提供依据。

(五)完善信息披露机制

由于互联网金融从风险基因来看更接近于资本市场,信用体系是否完善、信息披露是否完全真实直接决定其风险程度,透明度是互联网金融监管的基石,必须加快完善信息共享体系,加强信息在传统金融机构和非传统金融机构之间的流通和共享。建立更加严格的信息透明机制,例如美国的网络信贷行业属于证券业监管范畴,联邦证券交易委员会(SEC)要求互联网信贷平台注册为证券经纪商,认定互联网信贷平台出售的凭证属于证券产品。SEC 重点关注网贷平台是否按要求披露信息,一旦出现资金风险,只要投资者能够证明发行说明书中的关键信

[①] 杨秋海:《互联网金融下的信用体系建设》,《征信》2014 年第 6 期,第 16 页。

[②] 杨亦骁:《基于互联网金融模式的中小企业融资风险研究》,《创新科技》2015 年第 7 期,第 56 页。

息披露存在着错误或遗漏,就可以通过法律手段追偿损失。[①]

具体来讲,股权众筹在发起、交易和退市时,应履行《证券法》和《证券投资基金法》的信息披露规则;私募型股权众筹应发布融资计划书,并在其中充分揭示投资风险,披露募资不足时或超额募资时的处理办法及其他重大信息、披露企业的经营管理、财务和资金使用情况等关键信息;P2P平台应进行年度信息披露,为投资者提供可以根据收入和费用对预计借款额评估的相关评估工具,为借款人提供关于借贷金额、协议利率、借款期限、清偿条件和总体成本等信息的综合信息文件。平台信息披露和风险提示义务还包括所持牌照、注册号、平台报酬方式和费用、项目申请资格、筛选条件、项目发起人资格标准、每个项目及其发起人信息,以及对其他与项目有关的风险警示信息等[②]。

(六)加强平台监管

在互联网金融监管中,由于信息不对称的存在和监管领域的专业化,政府信息成本非常高,而以"抓主要矛盾"的思路对关键性机构或平台进行重点监管的话就能够有效降低监管成本、提高监管效率。平台监管要从金融属性和技术属性两个方面着手。互联网金融业务的本质仍是金融属性,应从金融风险的角度充分认识金融信息化过程中的潜在风险,严格规范操作流程,审慎管理信用、流动性等其他风险。从技术属性来看,计算机互联网技术安全体系是电子金融与电子商务活动安全的基础,因此,必须从技术层面出台互联网金融平台准入标准和

---

① 张芬、吴江:《国外互联网金融的监管经验及对我国的启示》,《金融与经济》2013年第11期,第53页。

② 杨东:《互联网金融风险规制路径》,《中国法学》2015年第3期,第80页。

监管标准①。

对平台进行监管,应强调以下四个方面的要求:一是要求平台的信息披露义务要充分,对所有交易行为必须留痕,以为未来追责提供依据。二是要求平台应承担相应的自律责任,若未尽责,平台应该承担连带责任。三是平台对开展重大金融活动有报批或报备的义务,监管机构可以事先设定报批或报备的活动事项或标准,比如投融资的额度限制、规模限制、用途限制等。四是要求平台建立消费者保护基金,完善事后监管机制,建立专款专用、配套完善的财务管理制度。②

除一般性平台责任之外,还需细化不同互联网金融业态的平台监管规则。如,禁止 P2P 平台和股权众筹门户公开劝诱非成熟投资者,是以信息工具来规范互联网金融市场的重要内容;P2P 平台和股权众筹门户,不能向投资者提供投资意见或建议,不能在其门户内劝诱购买、出售或要约购买债权与证券;P2P 平台、股权众筹门户和股权众筹发起人须以 100%通俗易懂的语言,向投资者发布说明书、履行说明义务,金融监管部门须对平台、股权众筹门户和发起人履行说明义务进行监督;投资者在冷静期间内即投资者在募资期限届满之日起 14 日内,可无条件撤资,而不受任何限制或承担任何违约责任;如果 P2P 平台和股权众筹门户要经营投资咨询业务,则需符合金融中介机构的准入门槛③,等等。

(七)建立互联网金融风险预警系统

为帮助企业减少金融风险带来的损失,政府应建立以大数据为基

---

①　洪娟、曹彬、李鑫:《互联网金融风险的特殊性及其监管策略研究》,《中央财经大学学报》2014 年第 9 期,第 42 页。

②　彭景、卓武扬:《我国互联网金融系统性风险的特征、成因及监管》,《互联网金融》2016 年第 10 期,第 3 页。

③　杨东:《互联网金融风险规制路径》,《中国法学》2015 年第 3 期,第 80 页。

础的金融风险预警系统,作为保障互联网金融正常运行的工具。预警体系要涵盖互联网金融风险分析的各个环节,即数据的收集、数据提取、数据分析和数据解释,保证系统性、时效性、可操作性、科学性和弹性;预警系统可以涵盖行业和企业层面,各层级互相联系又相对独立,为企业风险控制管理提供有力支撑①。

(八)建立风险对冲机制

互联网金融平台的风险来源之一是缺乏传统金融机构那样有效、可持续的风险对冲机制。以 P2P 网贷为例,因为不存在类似于商业银行的贷款风险拨备机制,一旦出现借款人较大规模的违约,P2P 平台靠自有资金很难填补空缺,也无法从传统金融机构获得资金支持,就很可能出现跑路现象。互联网金融监管应加强风险对冲机制建设,建立类似商业银行存款准备金制度,对冲信用的无边际扩张,设置资金充足率标准,对冲不良资产率上升引发的金融外部负效应,完善资金第三方存管制度,防止资金在平台沉淀所带来的道德风险。

在风险资本金问题上,可以借鉴英国的做法。2014 年 3 月英国《众筹监管规则》通过信用风险定价解决平台流动性问题,以立法形式将平台风险保障金制度化,平台可以对融资者信用等级或债权风险,进行公开定价,以此来实现信息甄别。该法案详细规定了 P2P 平台的最低资本金和风险资本金,其中风险资本金比例随平台规模扩大而递减。同时规定 P2P 平台风险保障金应该与融资者融资额度、期限和违约率挂钩。

(九)加强线上协同监管

为摆脱对部门、区域的高度依赖,实现协同监管,可以依托现有监

---

① 杨虎、易丹辉、肖宏伟:《基于大数据分析的互联网金融风险预警研究》,《现代管理科学》2014 年第 4 期,第 3 页。

管体制框架,利用互联网等技术手段建立相对开放的线上协同监管机制。通过协同监管,建立起互联网金融与实体产业之间、互联网金融与用户之间、互联网金融上下游企业与组织之间的数据有序开放、公平有序竞争。协同监管不仅包括监管机构之间通过协作建立高效的监管体系,还包括监管者与被监管者之间长效、良性的互动关系、良好的政策反馈机制以及政策的及时调整①。

协同监管平台应具有虚拟性、开放性和共享性。保证不同行业的监管机构可以在该平台共享信息,打破原有泾渭分明的监管边界,包括行业边界和地域边界,基于"穿透式"治理的原则对问题源头进行协商合作监管,协商进行案件分配、执法协助等。线上协同监管平台可以包括违法信息共享平台,案件办理平台和信息发布平台②。协同监管平台应采取扁平化的管理模式,不分行政层级、地域和行业同时可以接入所有互联网金融监管相关的机构,各机构将举报信息、异常信息、巡查信息等随时上传到违法信息共享平台,所有的机构都可以对信息进行共享和查阅。案件处理可以采取自动认领与平台分配相结合的方式,对于有争议的案件由平台专业人员根据行政法中有关管辖权争议的规定进行分配,保证监管无缝衔接。平台同时应依法对信用信息、案件处理结果等分类分级向社会进行信息反馈。

二、加强行业自律

在行业层面,要进一步推动互联网金融协会发挥作用,加强自律管理,由行业协会制定统一的行业标准,强化行业内部控制、信息披露、风

---

① 李真:《互联网金融体系:本质、风险与法律监管进路》,《经济与管理》2014 年第 5 期,第 51 页。

② 曾威:《互联网金融竞争监管制度的构建》,《法商研究》2016 年第 2 期,第 27 页。

险揭示,促进互联网金融机构之间的信息交流,规范行业健康发展。

(一)充分发挥互联网金融协会作用

由中国人民银行牵头的中国互联网金融协会已于 2016 年 3 月 25 日成立,首批会员单位 400 多家,作为首个国家层面的互联网金融行业协会,其成立具有里程碑意义。中国互联网金融行业协会作为半官方性质的行业组织,在加强风险提示、处理投诉纠纷、行业信息披露以及保护互联网金融消费者权益方面将大有可为。通过互联网金融协会"软性立法"来自我约束,有利于形成对政府监管"硬性约束"的有效补充,有利于引导和支持互联网金融企业完善管理、守法经营,有利于降低监管和市场运行成本,有利于提高监管效率和促进市场创新,有利于在业内形成秩序性共识。下一步互联网金融协会应尽快发挥实际作用,按业务类型制订经营管理规则和行业标准,明确自律惩戒机制,提高行业规则和标准的约束力,强化守法、诚信、自律意识,营造诚信规范发展的良好氛围。首要的是加快行业标准制定,我国互联网金融相关行业标准和规范建设远远落后于计算机网络技术和互联网行业整体的发展,已经成为行业发展的制约因素。可以由互联网金融的行业协会制定统一的行业标准。同时,互联网金融协会作为独立于成员企业的机构,可以根据法律和法规的授权对相关互联网金融产品和服务进行评测,并公布相关结果。这一制度的建立有助于保障互联网金融服务的质量,也有利于在不正当竞争纠纷发生时对有关责任进行认定。

(二)打造互联网金融行业安全观

通过行业组织发挥作用,促使互联网金融安全成为行业普遍价值观。从宏观角度看,中国的互联网金融企业是整个金融体系的有机组成部分,对金融安全负有不可推卸的责任,从行业健康稳定发展的目标看更应该建立安全、便捷、普惠的行业形象;从微观角度看,金融服务应该以消费者权益保护为核心,互联网金融企业应将安全作为经营底线,任何时间都不能以牺牲金融安全为代价追求短期谋利,应自觉加大信息安全、账户安全等方面的技术投入,尽可能防微杜渐,降低风险发生概率。在察觉用户隐私泄露、高威胁性网络攻击等安全险情时,互联网金融企业应及时采取有效措施,对客户进行预警和提示,并采取一切可能手段确保客户资金和交易的安全性。

(三)建立互联网金融安全生态体系

互联网金融企业除了需要不断提升自身的金融安全及风险防控能力外,还应加强行业互动,分享金融风险甄别及反欺诈经验,并通过互联网金融协会等行业组织进行信息共享,提高整个行业的风险防控水平,为未来发展营造良好的行业信誉和社会氛围。面对越来越猖獗的互联网金融犯罪,互联网金融企业必须加强协作,通过行业自律组织等渠道加强信息和技术互补,并配合政府监管机关采取有效措施,保护消费者信息和资金安全。例如,互联网金融龙头蚂蚁金服在安全技术生态领域发起建立了"互联网金融身份认证联盟"(IFAA),为联盟成员生物识别系统的应用提供了领先且可参照的标准。成员包括手机厂商,芯片厂商、安全厂商、算法厂商、检测机构等互联网金融产业链上的五十余家机构。在该联盟制定的行业标准下,各方技术开发难度大幅降低,整体的生物识别安全性也有了明显提升。同时,蚂蚁金服还与安全公司、漏洞平台、高校科研团队等社会化力量协同作战,参与"第三方支付安全联盟"和"互联网安全工作组",与多家互联网同业、金融机构,在反欺诈领域、反钓鱼木马、漏洞应急响应层面进行联防联控,共同致力于解决互联网金融技术安全问题,营造更全面的互联网金融安全生态。

三、提高企业风控能力

在企业层面,要加快提高互联网企业风险内控能力。

(一)健全互联网金融机构风控制度

政府监管部门应通过监管规则规定、现场检查和非现场检查等手段引导各互联网金融企业建立起完善的风险管理体系。尽快出台交易系统安全保障、资金代管、销售合规、防网络洗钱、风险应急处置等方面的监管规定,督促互联网金融企业提高内控管理和风险管理水平。在互联网金融机构内部设置好不同金融业务的"防火墙",防止企业为片面追求业务拓展和赢利能力选择高风险的交易模式,推动建立客户身份识别、交易记录保存和可疑交易分析报告机制,推动个人隐私保护机制,有效防范经营风险。通过制定内部规范制度,为各项业务划清红线,明确规定不可触碰的地带,实现"有序展业、合规创新"。以互联网理财为例,企业应制定详尽的信息披露、资金托管和投资者适当性机制,以保障客户资金安全;网络支付则应建立包括客户备付金存管、客户身份识别、商户准入审核规定等一系列安全机制。

(二)依靠技术提升完善金融机构风险控制能力

互联网金融的风险识别和信用判断是以平台客户信息和持续、高频的行为数据为基础的,侧重于交易数据而不是先验的资质条件,进一步提高互联网的信息流整合功能和大数据分析、大数据挖掘能力,提高技术优势和技术安全,是互联网金融有序运行的重要保障,因此,要鼓励金融机构创新科技手段以降低企业合规成本。通过建立大数据模型,对平台数据进行深入分析,降低信贷业务的风险水平[1]。主要的金

---

[1] 秦亮杰、赵大欣:《金融互联网化的国际经验与启示》,《农村金融研究》2014年第8期,第34页。

融风险监管技术创新主要包括以下领域：一是技术加速器。云平台和云技术为科技金融企业、金融服务企业和监管机构提供了更加灵活、成本更低的技术选择。二是实时、系统嵌入式合规及风险评估工具。此类工具可以对金融犯罪风险、行为风险等进行监测。三是大数据技术和软件集成工具。利用大数据技术可以有效简化数据收集整理过程，将现有会计和合规的软件接入监管报告系统，可以减少人工数据输入，同时提高监管报告准确性，降低企业合规成本和制度交易成本[①]。

（三）加强专业人才培养

互联网行业领域是创新的沃土，而创新的基础是人才。互联网金融风险的鉴别、防范、处理都具有很强的专业性，只有加强专业人才培训，提升行业整体素质，才可能实现互联网金融的可持续发展。一是要加强内部人才培训，挖潜现有人才潜力，提高现有员工素质。相比较于对外引进人才，对现有人才进行培训既可以迅速提高人才素质，又经济可行。可以通过职前培训和在职培训，帮助从业人员树立更强的安全意识，培育更强的风险防范能力。同时，应创造吸引人才的良好环境和激励机制，针对互联网金融风险的技术瓶颈和管理漏洞引进急需的专业化人才。二是借助"外脑"，加强防范互联网金融风险的理论研究和技术开发。积极促进与监管部门、科研院校、行业组织和业内同行的合作交流，加强产学研联合攻关，不断创造、设计、开发出各种新的组合金融风险防范工具，使我国金融衍生工具创新和风险控制得以加强，以期在一定风险度内获得最佳收益[②]。

---

① 芦国荣：《英国金融科技创新：政策支持及启示》，《甘肃金融》2016年第8期，第31页。

② 谢清河：《我国互联网金融发展问题研究》，《经济研究参考》2013年第49期，第29页。

四、加强消费者保护

在消费者层面,要进一步加强互联网金融消费者权益保护。消费者具有足够的自我防范意识,也有助于对互联网金融风险的监管。

(一)加快互联网金融消费者保护制度体系建设

适时出台相应的保护互联网金融消费权益的法律规范,从法律层面界定互联网金融的问题,规范市场主体的交易行为。从制度建设上强化互联网金融平台信息披露和透明度标准,保证消费者知情权,尽可能消除信息不对称,切实保障消费者利益。建立互联网金融风险预警机制,监测异常交易特征指标,加强对互联网金融异常交易的监测,对消费者及时发布金融风险提示。其中,首要的是尽快建立互联网账户安全保障制度。网络账户安全是互联网金融消费者权益保护的核心,为防止消费者网络账户被盗,硬件方面要加大对计算机物理安全措施的投入,增强系统的防护能力;软件方面要实现门户网站的安全访问,加大力度打击仿冒网页和钓鱼网站,同时应用身份验证和分级授权等登录方式,有效限制非法用户登录网站等。

(二)加强互联网金融风险防范宣传引导

互联网金融风险的直接受害者大多是广大消费者,但由于信息不对称及知识范围有限,他们往往并不清楚互联网金融与传统金融的区别,很难意识到互联网金融有哪些风险点。对此,监管部门有责任加强宣传引导,提高金融消费者对金融知识的普及率,宣传互联网金融的风险知识,帮助消费者了解互联网金融产品的特性,使消费者更了解互联网金融的赢利途径和合理利润范围,了解新型金融骗局的主要手法、实施途径和举报渠道,提高消费者的风险防范意识。

(三)加大互联网金融消费信息保护力度

信息安全和隐私保护一直是加强消费者保护的重要措施,世界银行的《金融消费者保护的良好经验》指出,金融机构应确保对消费者信息的保密,并采取相应的技术安全措施。监管机构应积极维护互联网金融参与者的合法权益,加强互联网消费者的信息保护力度,严惩非法买卖用户信息、网络诈骗、黑客恶意攻击等互联网金融犯罪行为。加强客户隐私和数据保护,建立电子证据第三方存管制度。互联网金融企业应不断实现技术漏洞的修补,采用数据加密等方式确保数据及客户信息安全,使用多重方式实现身份验证,全力提高风险防范技术水平。

(四)建立互联网金融消费纠纷在线解决机制

互联网金融跨地域、虚拟化、混业经营等特点使得传统的消费纠纷解决方式很难有效保护互联网金融消费者的权益,必须加快建立符合新形势的消费纠纷解决机制。其中,探索建立互联网金融消费纠纷在线解决机制是一种可能的解决思路。政府监管机构可以依托现有消费者维权机制探索建立跨部门的互联网金融纠纷解决平台,采取更加灵活、开放、互动的模式,为互联网金融消费者提供批评、监督和投诉的维权渠道。同时在纠纷解决平台后配备法律、金融方面的专业人士为消费者提供咨询和帮助。消费者也可以利用微博、微信等自媒体渠道进行自我维权,或者可以通过建立 QQ 群和微信群等网络结社的方式联合力量共同跟商家进行谈判、索赔①。

(五)积极发展互联网金融消费保险

积极发展互联网金融消费者保险是转移和分散风险的有效途径。互联网金融消费者保障险作为一种财产保险,其标的是互联网金融企

---

① 王达:《美国互联网金融的发展及中美互联网金融的比较——基于网络经济学视角的研究与思考》,《国际金融研究》2014 年第 12 期,第 47 页。

业对消费者承担的损失赔偿责任,当互联网金融企业因自身过错造成消费者网络账户资金损失时,保险公司可以对消费者支付一定赔偿金额。由于互联网金融消费者保障险只需企业缴纳少量的保险费,就可以避免企业遭受重大经济损失,保障了企业财产的安全和稳定,提高了企业的风险承受能力。对互联网金融消费者而言,可以在发生安全风险时得到及时、充分的补偿,保证了消费者的资金安全。在经过一定的试验期和过渡期之后,监管部门可以考虑将该险种设置为强制险,更好地防范互联网金融风险,进一步保障消费者权益。

参考文献

1.白锐:《略论互联网与国家治理逻辑的再建构》,《社会科学战线》2016 年第 9 期。

2.包银山:《供给侧改革对我国互联网产业发展的影响》,《财经理论研究》2016 年第 6 期。

3.蔡翔华:《我国互联网治理的新思路》,《青岛行政学院学报》2007 年第 1 期。

4.曹凤岐:《互联网金融对传统金融的挑战》,《金融论坛》2015 年第 1 期。

5.曾威:《互联网金融竞争监管制度的构建》,《法商研究》2016 年第 2 期。

6.陈爱平:《网络经济的风险应对机制及发展对策》,《经济与管理》2006 年第 3 期。

7.陈国栋:《构建软硬结合的互联网经济自我规制机制》,《人民法治》2016 年第 8 期。

8.陈国亮、唐根年:《基于互联网视角的二三产业空间非一体化研究——来自长三角城市群的经验证据》,《中国工业经济》2016 年第 8 期。

9.陈俊杰:《政府监管治理视角下我国网络零售行业的信用问题》,《商业经济研究》2017年第5期。

10.陈林:《互联网金融发展与监管研究》,《南方金融》2013年第11期。

11.陈蓉蓉:《网络经济对我国政府职能转变的影响及意义探析》,《对外经贸》2013年第8期。

12.陈晓春、任腾:《互联网企业社会责任的多中心协同治理——以奇虎360与腾讯公司为例》,《湘潭大学学报(哲学社会科学版)》2011年第4期。

13.陈新:《互联网时代政府回应能力建设研究——基于现代国家治理的视角》,《中国行政管理》2015年第12期。

14.褚松燕:《中国互联网治理:秩序、责任与公众参与》,《探索与争鸣》2015年第1期。

15.崔巍:《网络经济对于政府职能的影响与对策探究》,《管理观察》2015年第21期。

16.戴德宝、范体军、刘小涛:《互联网技术发展与当前中国经济发展互动效能分析》,《中国软科学》2016年第8期。

17.狄文球:《网络经济下经济增长模式分析》,《现代商贸工业》2012年第9期。

18.董立人:《智慧治理:"互联网+"时代政府治理创新研究》,《行政管理改革》2016年第12期。

19.董鹏、李庆保:《中国互联网金融风险及监管对策研究》,《北方金融》2014年第11期。

20.董玉春:《"互联网+"语义下网络经济与实体经济协调发展研究》,《中国集体经济》2016年第10期。

21.杜云、叶崴:《网络经济下的市场驱动力研究——基于新技术扩散 oop 实验数据分析》,《武汉科技大学学报(社会科学版)》2013 年第 3 期。

22.方兴东:《中国互联网治理模式的演进与创新——兼论"九龙治水"模式作为互联网治理制度的重要意义》,《学术前沿》2016 年第 3 期。

23.房冠辛:《中国"淘宝村":走出乡村城镇化困境的可能性尝试与思考——一种城市社会学的研究视角》,《中国农村观察》2016 年第 3 期。

24.傅俊卫、谢永红:《网络经济对国际贸易成本结构影响分析》,《生产力研究》2010 年第 6 期。

25.傅萍:《互联网经济下价格歧视反垄断的国际经验及启示》,《改革与战略》2017 年第 3 期。

26.傅熙:《互联网领域不正当竞争行为的认定理念研究》,《法制与社会》2015 年第 12 期(下)。

27.高莉娟:《全球互联网治理体系中的中国话语权建设初探》,《领导科学》2016 年第 2 期(中)。

28.郭佳妮:《"互联网+"时代下推动农业经济发展的探索》,《中国集体经济》2017 年第 5 期。

29.郭沛廷、李昊源:《网络交易税收流失测度及治理路径的现实选择》,《经济问题》2017 年第 3 期。

30.韩明华:《网络经济环境下的政府规制创新》,《宁波大学学报(人文科学版)》2007 年第 4 期。

31.何宝宏:《互联网治理》,《数据通信》2006 年第 1 期。

32.何文虎:《我国互联网金融风险监管研究》,《金融发展研究》

2014 年第 8 期。

33.何跃鹰:《互联网规制研究——基于国家网络空间安全战略》，北京邮电大学 2012 年博士学位论文,第 115 页。

34.贺丹:《互联网经济发展与破产法变革趋势》,《法学杂志》2016 年第 2 期。

35.洪娟、曹彬、李鑫:《互联网金融风险的特殊性及其监管策略研究》,《中央财经大学学报》2014 年第 9 期。

36.胡贝贝、王胜光、任静静:《互联网时代创业活动的新特点——基于创客创业活动的探索性研究》,《科学学研究》2015 年第 10 期。

37.胡光志、周强:《论我国互联网金融创新中的消费者权益保护》,《法学评论》2014 年第 6 期。

38.胡桂兰、朱永跃:《网络经济下"网商"创业发展阶段研究——基于淘宝网的调查分析》,《江苏大学学报(社会科学版)》2010 年第 1 期。

39.胡坚:《浅析互联网金融风险及其防范》,《人民论坛》2016 年第 1 期。

40.黄璜:《互联网+、国家治理与公共政策》,《电子政务》2015 年第 7 期。

41.黄卫东、岳中刚:《信息技术应用、包容性创新与消费增长》,《中国软科学》2016 年第 5 期。

42.黄旭:《我国参与全球互联网治理组织的过程和动力分析——以互联网工程任务组为例》,《湖南科技大学学报(社会科学版)》2016 年第 5 期。

43.黄志军、曹东坡、刘丹鹭:《互联网经济、制度与创新价值链——基于人力资本与制度发展指数的测度分析》,《经济理论与经济管理》

2015 年第 9 期。

44.贾开:《"实验主义治理理论"视角下互联网平台公司的反垄断规制:困境与破局》,《财经法学》2015 年第 5 期。

45.姜伟:《加快发展互联网经济》,《中国发展观察》2015 年第 7 期。

46.阚凤云、陈璋、胡国良:《互联网经济的规模和对各行业的影响——基于全球 10 大经济体比较研究》,《现代管理科学》2016 年第 11 期。

47.冷红、易红联、冷云飞:《网络经济对中国政府管理体制的影响》,《发展》2007 年第 1 期。

48.黎友焕:《网络经济对我国现行经济的影响及对策探讨》,《广东社会科学》2004 年第 3 期。

49.李炳、赵阳:《互联网金融对宏观经济的影响》,《财经科学》2014 年第 8 期。

50.李朵、徐波:《基于国际经验对我国股权众筹监管制度的研究》,《浙江金融》2015 年第 6 期。

51.李海舰、田跃新、李文杰:《互联网思维与传统企业再造》,《中国工业经济》2014 年第 10 期。

52.李红娟、谭毅:《论我国网络经济法律困境出路——以商业伦理重建为视角》,《法制博览》2013 年第 8 期(中)。

53.李洪雷:《论互联网的规制体制——在政府规制与自我规制之间》,《环球法律评论》2014 年第 1 期。

54.李静:《印度信息技术立法的发展与特色》,《暨南学报(哲学社会科学版)》2012 年第 11 期。

55.李立威、景峰:《互联网扩散与经济增长的关系研究——基于我国 31 个省份面板数据的实证检验》,《北京工商大学学报(社会科学版)》2013 年第 3 期。

56.李淼焱、吕莲菊:《我国互联网金融风险现状及监管策略》,《经济纵横》2014 年第 8 期。

57.李三江:《变革、挑战与应对——"互联网+"下的税收治理》,《税务研究》2016 年第 5 期。

58.李杨:《大数据时代中美网络空间博弈探究》,《世界经济与政治论坛》2016 年第 6 期。

59.李真:《共享经济的勃兴与挑战——经济学和法律视野下的分析》,《当代经济管理》2016 年第 8 期。

60.李真:《互联网金融体系:本质、风险与法律监管进路》,《经济与管理》2014 年第 5 期。

61.廖愉平:《我国互联网金融发展及其风险监管研究》,《经济与管理》2015 年第 2 期。

62.林涛:《生产力视角下的互联网经济初探》,《马克思主义研究》2016 年第 11 期。

63.凌超、张赞:《"分享经济"在中国的发展路径研究——以在线短租为例》,《现代管理科学》2014 年第 10 期。

64.刘丹、刘晔:《互联网时代的经济犯罪研究》,《经济研究导刊》2016 年第 29 期。

65.刘艳红:《互联网治理的形式法治与实质法治——基于场所、产品、媒介的网络空间三维度的展开》,《理论视野》2016 年第 9 期。

66.刘杨钺、杨一心:《网络空间"再主权化"与国际网络治理的未来》,《国际论坛》2013 年第 6 期。

67.刘奕:《推动平台经济研究服务决策与实践——"互联网时代平

台经济崛起"学术研讨会会议综述》,《财贸经济》2015 年第 11 期。

68.芦国荣:《英国金融科技创新:政策支持及启示》,《甘肃金融》2016 年第 8 期。

69.罗文:《互联网产业创新系统及其效率评价研究》,北京交通大学 2014 年博士学位论文。

70.罗小芳、卢现祥:《论创新与制度的适应性效率》,《宏观经济研究》2016 年第 10 期。

71.马家兴、孙本芝:《我国互联网行业创业投资回报率及其影响因素分析》,《商业时代》2014 年第 31 期。

72.马艺方、李本乾:《互联网时代版权产业的"专有—共享"立体平衡治理机制研究》,《现代管理科学》2013 年第 9 期。

73.米尔顿·穆勒、约翰·马西森、汉斯·克莱因:《互联网与全球治理:一种新型体制的原则与规范》,《国外理论动态》2016 年第 9 期。

74.欧阳日辉:《从"+互联网"到"互联网+"——技术革命如何孕育新型经济社会形态》,《学术前沿》2015 年第 5 期(下)。

75.彭冬梅:《我国网络经济下信用体系构建过程中的问题分析》,《中小企业管理与科技(下旬刊)》2012 年第 6 期。

76.彭景、卓武扬:《我国互联网金融系统性风险的特征、成因及监管》,《互联网金融》2016 年第 10 期。

77.彭仁贤:《创客空间发展的中美案例对比研究》,《技术经济与管理研究》2017 年第 2 期。

78.祁芸、陈小勇:《众包商业模式及其经济学分析》,《商业时代》2012 年第 34 期。

79.秦亮杰、赵大欣:《金融互联网化的国际经验与启示》,《农村金融研究》2014 年第 8 期。

80.邱泽奇、张樹沁、刘世定:《从数字鸿沟到红利差异——互联网资本的视角》,《中国社会科学》2016年第10期。

81.任祥玉:《简论互联网金融风险的法律规制》,《重庆科技学院学报(社会科学版)》2014年第4期。

82.尚新颖:《网络经济下的垄断的形成机理及特征分析》,《中央财经大学学报》2009年第1期。

83.邵娜:《互联网时代政府模式变革的逻辑进路》,《海南大学学报(人文社会科学版)》2016年第1期。

84.师如男、袁玮顺:《网络经济对国际经济贸易影响的研究》,《金融经济》2014年第22期。

85.施莉:《产业结构视角下区域互联网经济形态发展研究》,《技术经济与管理研究》2016年第11期。

86.石飞:《"互联网+"推动政府公共治理升级》,《人民论坛》2016年第12期(上)。

87.宋华:《新兴技术与"产业供应链+"——"互联网+"下的智慧供应链创新》,《学术前沿》2015第11期(下)。

88.苏丹:《提倡自律　重在协调——英国的网络内容治理》,《中国记者》2004年第12期。

89.苏东水:《产业经济学》,高等教育出版社2005年版。

90.孙永祥、何梦薇:《我国股权众筹发展的思考与建议——从中美比较的角度》,《浙江社会科学》2014年第8期。

91.滕顺祥:《基于互联网的行业综合治理机制与策略研究》,北京交通大学2010年博士学位论文。

92.田中佑:《论因特网时代的社会控制》,《社会科学辑刊》2001年第5期。

93.童楠楠、郭明军、孙东:《西方国家互联网治理的经验与误区》,《电子政务》2016 年第 3 期。

94.王春晖:《互联网治理四项原则基于国际法理应成全球准则——"领网权"是国家主权在网络空间的继承与延伸》,《南京邮电大学学报(自然科学版)》2016 年第 1 期。

95.王达:《美国互联网金融与大数据风险管理》,《互联网经济》2015 年第 6 期。

96.王金水、卜安洵:《以互联网思维审视政府和市场的新界限》,《前沿理论》2015 年第 7 期。

97.王明国:《全球互联网治理的模式变迁、制度逻辑与重构路径》,《世界经济与政治》2015 年第 3 期。

98.王如晨:《中美互联网经济发展模式比较》,《上海信息化》2015 年第 1 期。

99.王世波、赵金楼:《网络经济对我国国民经济发展的影响研究》,《经济问题探索》2015 年第 5 期。

100.王文岩、孙灵燕:《网络经济对国际技术扩散的影响及对我国的启示》,《经济问题探索》2007 年第 4 期。

101.王新平、万威武、苏秦:《网络经济时代"新质量"应具备的特征》,《统计与决策》2008 年第 1 期。

102.魏鹏:《中国互联网金融的风险与监管研究》,《金融论坛》2014 年第 7 期。

103.吴志坚、邱俊杰:《农业合作社运营生鲜电商平台的挑战、意义与机制》,《科技管理研究》2015 年第 19 期。

104.席广亮、甄峰:《互联网影响下的空间流动性及规划应对策略》,《规划师论坛》2016 年第 4 期。

105.谢静:《网络经济时代的就业变迁分析及其对中国的影响》，《北方经济》2012 年第 2 期。

106.谢莉娟、张昊:《国内市场运行效率的互联网驱动——计量模型与案例调研的双重验证》，《经济理论与经济管理》2015 年第 9 期。

107.谢清河:《我国互联网金融发展问题研究》，《经济研究参考》2013 年第 49 期。

108.徐广林、林贡钦:《公众参与创新的社会网络:创客文化与创客空间》，《科学学与科学技术管理》2016 年第 2 期。

109.徐国平:《关于网络经济特征的思考》，《价格月刊》2007 年第 10 期。

110.徐仕敏:《国外关于信息能力的研究概况》，《情报杂志》2001 年第 3 期。

111.许春芳:《网络经济发展机理》，《工业技术经济》2007 年第 2 期。

112.许峰:《网络经济对中国经济发展的影响及对策》，《长江大学学报(社会科学版)》2015 年第 3 期。

113.许佳荧:《非竞争性互补资源与"互联网+"创业》，《经营与管理》2015 年第 12 期。

114.许圣荣、林海春:《创新网络经济监管模式研究》，《信息化建设》2010 年第 11 期。

115.许尧、孙增武:《多中心治理:基层公共事务管理的深度创新》，《唯实》2010 年第 2 期。

116.轩传树:《互联网时代下的中国国家治理现代化:实质、条件与路径》，《当代世界与社会主义(双月刊)》2014 年第 3 期。

117.杨东:《互联网金融风险规制路径》，《中国法学》2015 年第

3 期。

118.杨虎、易丹辉、肖宏伟:《基于大数据分析的互联网金融风险预警研究》,《现代管理科学》2014 年第 4 期。

119.杨静:《"经济人"假设的反思与评判》,《上海经济研究》2006 年第 2 期。

120.杨秋宝:《新常态下充分发挥"互联网+"稳定经济增长的作用》,《理论视野》2015 年第 9 期。

121.杨秋海:《互联网金融下的信用体系建设》,《征信》2014 年第 6 期。

122.杨亦骁:《基于互联网金融模式的中小企业融资风险研究》,《创新科技》2015 年第 7 期。

123.姚祯:《信息化条件下产业融合的政府管制》,《唯实》2006 年第 5 期。

124.于刃刚、李玉红、麻卫华、于大海:《产业融合论》,人民出版社 2006 年版。

125.余致远、吴洪、胡春:《信息空间、互联网金融与监管》,《北京邮电大学学报(社会科学版)》2016 年第 4 期。

126.袁正:《网络经济对新古典经济学的挑战》,《现代经济探讨》2009 年第 1 期。

127.张芬、吴江:《国外互联网金融的监管经验及对我国的启示》,《金融与经济》2013 年第 11 期。

128.张韩、肖光荣:《网络经济及其经济规律的理论拓展》,《统计与决策》2009 年第 14 期。

129.张磊、张鹏:《中国互联网经济发展与经济增长动力重构》,《南京社会科学》2016 年第 12 期。

130.张效羽:《互联网经济对行政执法的挑战及应对》,《中国党政干部论坛》2016 年第 10 期。

131.张效羽:《通过政府监管改革为互联网经济拓展空间——以网络约租车监管为例》,《行政管理改革》2016 年第 2 期。

132.张洋阳:《政府再造:"互联网+"图景下的公共服务机制研究》,《求知导刊》2016 年第 1 期。

133.章润兰、周睿桐:《关于我国电子商务税收政策问题的分析与研究》,《现代商业》2017 年第 2 期。

134.赵玉林:《构建我国互联网多元治理模式——匡正互联网服务商参与网络治理的"四大乱象"》,《中国行政管理》2015 年第 1 期。

135.郑勇、於志东:《从欧美对网络经济的税收政策来探讨我国的网上税收政策》,《经济问题探索》2005 年第 4 期。

136.中国(海南)改革发展研究院经济研究所:《"十三五":以农村互联网金融为突破重塑农村金融新格局》,《北方经济》2015 年第 8 期。

137.钟瑛:《我国互联网管理模式及其特征》,《南京邮电大学学报(社会科学版)》2006 年第 8 期。

138.周振华:《信息化与产业融合》,上海人民出版社 2003 年版。

139.周子学:《信息网络经济下实体经济和虚拟经济的均衡发展研究》,《产业经济评论》2014 年第 3 期。

140.朱乾龙、钱书法:《基于网络经济的技术创新与市场结构关系分析》,《产业经济研究》2009 年第 1 期。

141.朱战威:《互联网平台的动态竞争及其规制新思路》,《安徽大学学报(哲学社会科学版)》2016 年第 4 期。

142.[澳]约翰·哈特利:《创意产业读本》,李士林、黄晓波译,清华大学出版社 2007 年版。

143.[美]简·芳汀:《构建虚拟政府:信息技术与制度创新》,中国人民大学出版社 2010 年版。

144. Christensen C. M, *The Innovator's Dilemma*: *When New Technologies Cause Great Firms to Fail*, Harvard Business School Press,1997.

145. Denmark K, Jacobsen N B. A, "Quantitative Assessment of Economic and Environment Aspects", *Journal of Industrial Ecology*, Vol. 10, No. 1,2006.

146. Eric Van Heesvelde, "Covergence between Fixed and Mobile Communications", *Info*, Vol.2, No. 3,2000.

147. Freeman C, *Technology Policy and Economic Performance*: *Lessons from Japan*, London Printer,1998.

148. George G, Mc Gahan A M, Prabh J, "Innovation for Inclusive Growth: Towards a Theoretical Framework and a Research Agenda", *Journal of Management Studies*, Vol. 49, No. 4,2012.

149. Johannes, M. Pennings, *Market Covergence &Firm Strategies*: *Towards a Systemic Analysis*, Organization Science Winter Congerence, 2000.

150. Julia Black, "Constitutionalising Self-Regulation", *The Modern Law Review*, Vol. 59, No. 1,1996.

151. Langen P, "Governance in Seaport Clusters", *Maritime Economics & Logistics*, Vol.56, No. 2,2004.

152. Lowi T J, "Four Systems of Policy, Politics, and Choice", *Public Administration Review*, Vol. 32, No. 4,1972.

153. Lyombe Eko, "Many Spiders, One Worldwide Web: Towards a

Typology of Internet Regulation", *Communication Law and Policy*, Vol. 6, No. 3, 2009.

154. Philip J. Weiser, "The Future of Internet Regulation", *The Selected Works of Phil Weiser*, Vol. 16, No. 9, 2009.

155. Robert Beldwin, Martin Cave, *Understanding Regulation*, Oxford University Press, 1999.

156. Sabel C F, Simon W H, "Destabilization Rights: How Public Law Litigation Succeeds", *Harvard Law Review*, Vol. 117, No. 4, 2004.

157. Sabel C F, Zeitlin J, "Experimentalism in the EU: Common Ground and Persistent Differences", *Regulation and Governance*, Vol. 6, No. 3, 2012.

158. Sophie Meunier, "The French Expection", *Foreign Affairs*, Vol. 79, No. 4, 2000.

159. Thomas C. Folsom, "Defining Cyberspace (Finding Real Virtue in the Place of Virtual Reality)", *Tulane Journal of Technology & Intellectual Property*, Spring 2007.

160. Unger R M, "False Necessity: Anti-necessitarian Social Theory in the Service of Radical Democracy", *Verso*, Vol. 75, No. 1, 2004.